CW01652001

52

WEEKS OF WRITING

Schreibtagebuch
mit Kalender

52

WEEKS OF WRITING

TEIL I

Schreibtagebuch mit Kalender

Wachse über dich hinaus und werde die schreibende Person, die du immer sein solltest

Mariëlle S. Smith

Ins Deutsche übertragen von Stephanie Schade

ISBN 978 94 93250 16 1

Für alle, die mir geraten haben weiterzuschreiben

Einleitung

Herzlich willkommen zu *52 Weeks of Writing*, einem Tagebuch mit Kalender für Schreibende, die über sich hinauswachsen wollen, um die Schreibenden zu werden, die sie immer sein sollten. Ich bin so froh, dass du ein Exemplar in den Händen hältst! Dieses Schreibtagebuch mit Kalender spiegelt alles wider, was ich in den letzten Jahren als Schreibberaterin und Autorin gelernt habe. Sowohl die Schwierigkeiten meiner Klientel als auch ihre Erfolge (ebenso wie meine eigenen) sind in diese Seiten eingeflossen.

Beratung ist nicht preiswert. Egal wie dringend wir sie brauchen, nicht immer besteht die Möglichkeit darauf zurückzugreifen. Zwar kann kein Tagebuch oder Kalender eine lebendige und atmende Schreibberatung ersetzen, die sich eins-zu-eins mit dir auseinandersetzt, *52 Weeks of Writing* ist jedoch mein Versuch die Lücke so gut wie möglich zu schließen.*

Für wen ist dieses Schreibtagebuch mit Kalender gedacht?

Als ich das erste Mal gefragt wurde, für wen ich *52 Weeks of Writing* entwickle, war meine spontane Antwort ‚Nicht für Zartbesaitete'. Damals meinte ich das im Scherz, je mehr ich jedoch darüber nachdachte, desto mehr wurde mir klar, dass es meine Art, Schreibende zu beraten, gut zusammenfasst. Keiner von ihnen kam zu mir, damit ich ihre Hand halte und sage, dass alles gut werden wird.

Ganz im Gegenteil. Was meine Klientel gemein hat ist, dass sie mit sich selbst unzufrieden sind und bemängeln, dass ihr Schreibprozess stagniert oder nicht im gewünschten Tempo vorankommt. Der Grund, warum sie zu mir kommen, ist der, dass sie jemanden brauchen, der die richtigen Fragen stellt. Diese Fragen sind selten einfach zu beantworten und benötigen einen gesicherten Raum, in dem sie sich mit eben diesen Fragen auseinandersetzen. Auch, wenn die Fahrt nicht weniger holprig ist, mit mir an ihrer Seite ist es für die Klientel viel einfacher nachzuhaken und zu enträtseln, welche unbequemen Wahrheiten über ihre Schreibangewohnheiten an die Oberfläche gebracht werden müssen.

Es ist meine Absicht, mit diesem Schreibtagebuch und dem Kalender den zuvor beschriebenen sicheren Raum sowohl in materieller als auch digitaler Form zur Verfügung zu stellen. Die Fragen, die ich meiner Klientel stelle, sind hier. Der Unterschied zwischen den Fragen hier und einer eins-zu-eins Beratung liegt darin, dass ich nicht greifbar bin, um anzuspornen oder nachzuhaken, wenn ich merke, dass jemand etwas zurückhält oder nicht ehrlich zu sich selbst ist. Ich bin nicht da, um dich in die Verantwortung zu nehmen. Dies liegt ganz bei dir und deswegen empfehle ich dir, falls du es nicht schon getan hast, Partner zu suchen, denen gegenüber du Rechenschaft ablegst. Du bist herzlich eingeladen meiner Facebook-Gruppe The Accountable Wordsmith beizutreten. Das Passwort ist CARNELIAN.

Warum ein Tagebuch MIT einem Kalender?

Kurz gesagt: weil Planung allein uns nicht ans Ziel bringt. Im Voraus zu planen und sich dann die Zeit zu nehmen die Resultate anzuschauen und darüber nachzudenken, wie sie zustande gekommen sind, das ist der Weg, auf dem wir Muster in unserem Verhalten entdecken und auch, warum diese Muster immer wieder auftreten. Durchweg im Auge zu behalten, was wir tun und es zu überdenken, ermöglicht uns ein Auseinandersetzen mit unseren Kämpfen. Nur so können wir den Ursachen für unsere Schwierigkeiten wirklich auf den Grund gehen. Genau dort müssen wir hin, wenn wir mit diesen Schwierigkeiten ein für alle Mal fertig werden wollen.

Während ich diese Worte schreibe, sitze ich in meiner Wohnung mit Meerblick an der Küste von Zypern, auf einer kleinen Insel in der Mitte des Mittelmeers. Jeden Tag darf ich tun was ich liebe – ich schreibe und ich helfe anderen Autoren dasselbe zu schaffen. Ich lebe in einer Partnerschaft, in der ich unterstützt werde und habe eine Community, die zu hundert Prozent an mich glaubt. Um noch eins drauf zu setzen: Ich habe seit September 2018 zwanzig Bücher in vier Sprachen veröffentlicht. Wie dem auch sei, mein Leben sah nicht immer so aus. Eigentlich sah es bis vor Kurzem überhaupt nicht so aus.

Seit ungefähr acht Jahren praktiziere ich Yoga. Mit jeder neuen Lehrkraft, die mir begegnete, kamen dieselben Fragen auf: Hast du Meditieren geübt? Hast du Atmen geübt? Hast du Tagebuch geführt? Nein. Nein, habe ich nicht. Keine Meditation, kein Tagebuchschreiben, und wenn wir ehrlich sind, habe ich auch nicht ordentlich geatmet. Ich habe viele Yogaprinzipien angenommen, seit ich mit Yoga begonnen habe, aber alles was mit stillsitzen, achtsam sein und Gedanken zulassen zu tun hat? Das habe ich um jeden Preis vermieden.

Es gibt einen Grund, warum wir manche Dinge vermeiden. Mein Grund war, dass ich Angst hatte die Wahrheit darüber, warum ich nicht glücklich war, aufzudecken. Nicht mit mir, mit meinem Hauptberuf, meiner Beziehung, meinem Schreiben und wie es mit meinen freiberuflichen Angelegenheiten lief. Ich redete mir ein, dass ich zufrieden war und dass zufrieden sein genug ist. Es hat Jahre gedauert, bis ich begriff, ich war nicht einmal das. Ich war unangenehm betäubt. 2017 war ich mit einer Freundin auf einem Konzert von The National. Plötzlich fühlte ich mich so lebendig, während ich, umgeben von einer energiegeladenen Menge, einer meiner Lieblingsbands zuhörte und mich traf die Erkenntnis, wie innerlich tot ich mich an all den anderen Tagen fühlte.

Dieses Konzert wurde zu meinem Wendepunkt. Ich kaufte ein brandneues Tagebuch und begann zu schreiben. Ich habe schon früher in meinem Leben Tagebuch geschrieben, aber es fühlte sich immer wie eine nutzlose Aufgabe an. Was war der Sinn darin etwas aufzuschreiben, wenn es doch nichts änderte? Man sagt, dass etwas aufzuschreiben – ähnlich wie etwas laut zu sagen – es real werden lässt. Wir unterschätzen jedoch, wie einfach es ist zu vergessen, was wir ausgesprochen haben. Insbesondere dann, wenn es um etwas geht, wie zum Beispiel nicht unsere unkomfortablen Komfortzonen zu verlassen. Diesmal war mir bewusst, dass das alleinige Aufschreiben mich nicht weiterbringen würde. Ich würde frei drauflos schreiben, um zu sehen, was ins Blickfeld gerückt werden musste. Dann würde ich es noch einmal lesen und darüber etwas schreiben. Ich würde mich mit dem, was zum Vorschein käme beschäftigen, darüber reflektieren und mich damit auseinandersetzen. Immer und immer wieder.

Und genau das tat ich. Ein paar Jahre vorgespult: Ich habe meinen Job gekündigt, meine Beziehung beendet und ich bin in andere Länder gezogen, um mich Vollzeit auf meine Beratungen, meine Textbearbeitung und meine Schreibtätigkeiten zu konzentrieren. Ich möchte nicht sagen, dass ich es ohne mein Tagebuchschreiben nicht bis hierhin geschafft hätte, aber ich weiß eins genau: Hätte ich am Tag nach dem The National Konzert das Tagebuch nicht gekauft und es genutzt, wie man es nutzen sollte, dann wäre ich nicht so schnell dort gelandet, wo ich jetzt bin. Dies erklärt, warum ein Anti-Tagebuch-Schreiber ein eigenes Tagebuch entwickelt hat. Denn, wenn ich Tagebuch schreiben kann, kannst du es auch.

Wie du bald bemerken wirst, einige Fragen in diesem Schreibtagebuch mit Kalender tauchen jede Woche auf. Es ist jedoch wichtig - und ich kann es nicht genug betonen - sich mit jeder dieser Fragen jede einzelne Woche auseinanderzusetzen, bevor du deine Antworten notierst. Übergehe sie nicht eilig, nur weil es dieselben Fragen wie letzte Woche und die Woche davor sind. Sie tauchen aus gutem Grund immer wieder auf und sie helfen dir zum Ursprung dessen zu gelangen, was dir im Weg steht. Ich kann dir nicht sagen, wie oft ich die exakt selbe Antwort aufgeschrieben habe, bevor ich begriffen habe, dass es vielleicht doch eine weitere Seite zu betrachten gibt (glaub mir, sehr viele Male). Ich kann dir auch nicht sagen, wie viele Wochen mit denselben Fragen es brauchte, bis ich bereit war, tief einzuatmen und mir etwas einzugestehen, wozu ich in den Wochen davor nicht bereit war. Du wirst auch an diesen Punkt kommen, aber nur wenn du bereit bist Arbeit zu investieren und dich mit den gegebenen Fragen auseinanderzusetzen. Durchgehend.

Wenn ich sage ‚auseinandersetzen', dann meine ich wirklich ‚mit den Fragen sitzen'. Probiere nicht, eine dieser Fragen schnell zu beantworten. Versuche nicht das Beantworten zwischen Hausarbeiten, Erledigungen oder Treffen zu schieben. Nimm dir jede Woche Zeit, horche in dich rein und komme mit dir in Einklang. Dies ist noch wichtiger in Bezug auf die vierteljährlichen Check-Ins. Du kannst diesen Zustand mit Hilfe von Atemübungen, dem Auflegen der richtigen Musik oder einer guten Tasse Tee erreichen, je nachdem was du dafür brauchst.

Je geerdeter du bist, wenn du die Fragen in diesem Tagebuch mit Kalender beantwortest, desto einfacher wird es für die wahre Antwort – die Antwort, auf die du wartest – zum Vorschein zu kommen. Es wird einige Wochen oder sogar Monate dauern, bis du in der Lage bist, alle Schichten freizulegen, aber es gibt keinen Ort, an dem sich die Wahrheit verstecken kann, sobald wir aufhören wegzurennen und für uns selbst einstehen. Es ist nur eine Frage der Zeit und ich hoffe du hast die Geduld und Disziplin, dir selbst ebendiese Zeit einzuräumen. Du, und die schreibende Person, die du sein solltest, sind es wert.

Mariëlle S. Smith

* Falls du jedoch auf ein Problem stößt, das du nicht allein lösen kannst, während du dich durch dieses Schreibtagebuch bzw. den Kalender arbeitest, ziehe bitte in Betracht eine Beratung zu kontaktieren.

Wie bearbeitet man 52 Weeks of Writing

52 Weeks of Writing besteht aus verschiedenen Elementen. Manche tauchen jede Woche erneut auf, andere jedes Quartal, einige erscheinen am Anfang oder am Ende. Im Folgenden findest du einen kurzen Überblick über die unterschiedlichen Elemente und wofür sie stehen - in der Reihenfolge, in der sie auftreten.

- Klarheit

Der Abschnitt *Klarheit* erscheint jedes Quartal und strebt an dir klarzumachen, wie du als Schreiber tickst und was deinen Zielen und Träumen im Weg steht.

- Ziele

In den Abschnitten *Ziele* fokussieren wir auf deine Langzeit-Zielsetzung. Wir beginnen damit, wo du dich in zehn Jahren siehst, dann in fünf Jahren, drei Jahren, zwei und so weiter. Während du deine Ziele aufschreibst, versuche sie zu visualisieren. Wie wird das Erreichen dieser Ziele aussehen? Wie wird es sich für dich anfühlen? Wie wirst du sie feiern? Je klarer deine Vorstellungen von dir und dem Erreichen deiner Ziele sind, desto einfacher wird es sein, die Begeisterung für sie zu erhalten.

Deine Ziele sind nicht in Stein gemeißelt. Sie sind dazu da, um Ausrichtung und Fokus bereitzustellen und sie können jederzeit nachjustiert werden. Darum fragt dieses Schreibtagebuch alle drei Monate nach, wie es um dich und deine Drei-Monats und Jahresziele steht. Vielleicht bemerkst du schnell, dass dein Ein-Jahres-Ziel nicht realisierbar ist, weil du mehr als möglich in sechs Monaten erledigen müsstest. Gehe einfach zurück zu deinen gesetzten Zielen und nimm notwendige Veränderungen vor.

Vergiss nicht, dass jede schreibende Person eigene persönlichen Ziele hat. Denk also nicht darüber nach, was andere tun oder wonach sie streben. Was ist für dich sinnvoll? Einige von uns haben das Privileg den ganzen Tag über schreiben zu können, während andere sich glücklich schätzen, wenn sie über vier Tage an jedem davon dreißig Minuten freischaufeln können. Ebenso werden einige Autoren auf traditionellem Weg veröffentlichen wollen, während andere sich für die Indie-Variante entscheiden. Für unterschiedlichen Wege muss man unterschiedliche Schritte gehen. Mach dir gründlich Gedanken, bevor du deine Ziele setzt.

- Planung

Die wöchentlichen Abschnitte *Planung* sind dafür da, deine Woche im Voraus zu organisieren und deine größeren Ziele auf kleinere Teilziele für die Woche herunterzubrechen. Falls du noch keine Vorstellung hast, was für dich realistisch machbar ist, ist das nicht schlimm. Du hast zweiundfünfzig Wochen Zeit, es wird als zahlreiche Möglichkeiten geben, deine Grenzen auszutesten. Fange einfach irgendwo an, du wirst schnell lernen, ob du mehr oder weniger von dir verlangen musst.

- Tracking

In den wöchentlichen *Tracking*-Abschnitten reflektierst du darüber, ob du deine wöchentlichen Ziele erreicht hast und denkst über Wege nach, wie du deine Ergebnisse verbessern kannst.

- Schreibzitate und Schreibaufforderungen

Jede Woche beginnt mit einem Schreibzitat, um dich zu inspirieren und endet mit einer Schreibaufforderung oder einer Übung, die dir dabei helfen soll als verfassende Person in jeder erdenkbaren Weise zu wachsen. Manche Aufgaben werden deinen Schreibmuskel trainieren, andere deine Einstellung zum Schreiben. Einige mögen einfach sein, andere werden dich aus deiner Komfortzone schubsen und dir abverlangen so tief zu graben, wie du dich traust. Sie werden deinen Horizont so weit erweitern, wie du zum jeweiligen Zeitpunkt zulässt. Alle Aufforderungen und Übungen sind freiwillig. Solltest du also das Gefühl haben überfordert zu sein, zwinge dich nicht sie zu bearbeiten. Komm einfach zu einem anderen Zeitpunkt auf sie zurück.

- Reflektion

Die vierteljährlichen Abschnitte zur *Reflektion* laden dich dazu ein, darüber nachzudenken, wie weit du bereits gekommen bist, was du gelernt hast und wofür du am dankbarsten bist.

- Zielübersicht

Die *Zielübersicht* am Ende des Taschenbuchs oder der PDF-Ausführung des Schreibtagebuchs mit Kalender stellt eine Übersicht über deine Ziele des Jahres dar und inwiefern du sie erreicht hast oder nicht. Ebenso wird bilanziert, welche Lektionen du gelernt hast. Diejenigen, die mit dem E-Book arbeiten, können sie hier runterladen.

Ob du die Zielübersicht wöchentlich, monatlich, vierteljährlich oder am Ende des Jahres aktualisierst, liegt vollkommen bei dir, solange du die Entwicklung reflektierst. Es gibt einen Grund dafür, warum dieses Schreibtagebuch und der Kalender so viele Fragen zum Nachgrübeln enthält: Wenn wir uns nicht auseinandersetzen und schauen, wo wir waren und wo wir nun sind, verpassen wir die Möglichkeit zu lernen, uns zu verbessern und zu den Schreibenden zu werden, die wir immer sein sollten.

Bist du bereit?

WOCHE 1

“

Wenn es dir nicht aus dem Sinn geht, lohnt es sich, das Risiko einzugehen.

PAULO COELHO

DATUM: ....

KLARHEIT

Als du angefangen hast zu schreiben, was hat dich berufen zu schreiben?

Als du begonnen hast du schreiben, wie hat sich das angefühlt?

Fühlst du dich immer noch so, wenn du schreibst?
Falls nicht, was hat sich verändert?

W.1

KLARHEIT

Womit kämpfst du zurzeit und was sind die Hindernisse in Bezug aufs Schreiben?

Kannst du für jedes einzelne Ringen und Hindernis ausmachen, ob es eher innerlich oder äußerlich begründet ist?

Bezüglich jedes einzelnen Kampfes und Hindernisses, was brauchst du, um sie zu überwinden?

W.1

ZIELE

Wo möchtest du in zehn Jahren sein? Wie wirst du feiern?

In fünf Jahren? Wie wirst du feiern?

In drei Jahren? Wie wirst du feiern?

In zwei Jahren? Wie wirst du feiern?

ZIELE

In zweiundfünfzig Wochen? Wie wirst du feiern?

In neun Monaten? Wie wirst du feiern?

In sechs Monaten? Wie wirst du feiern?

In drei Monaten? Wie wirst du feiern?

Planung

Was sind deine Ziele für die kommende Woche?

Sieh sie dir noch einmal an. Bist du realistisch?
Falls nicht, was wäre realistischer?

Was kannst du tun, um sicherzugehen, dass du diese Woche dein(e) Ziel(e) erreichst?

Planung

Kannst du dein(e) Ziel(e) auf kleinere Elemente runterbrechen? Wenn du dir sicher bist, dass du sie nicht weiter runterbrechen kannst, trage deine Teilziele in den Kalender auf der nächsten Seite ein.

Falls du noch keinen Partner hast, der dich in die Verantwortung nimmt, dann empfehle ich dir dringend einen oder mehrere zu finden, die dir durch die nächsten zweiundfünfzig Wochen helfen. Wer wäre ein guter Rechenschaftspartner?

Alternativ kannst du gerne meiner Gruppe The Accountable Wordsmiths, auf Facebook beitreten. Das Passwort ist CARNELIAN. Die hauptsächlich in der Gruppe gesprochene Sprache ist Englisch.

W1

	Morgen	Nachmittag	Nacht
M: ...... /			
D: ...... /			
M: ...... /			
D: ...... /			
F: ...... /			
S: ...... /			
S: ...... /			

SCHREIBAUFGABE

Jede Schreibaufgabe ist freiwillig. Falls sie dir, warum auch immer, nicht zusagt, lass sie einfach aus. Wer weiß, vielleicht macht die Aufgabe zu einem späteren Zeitpunkt mehr Sinn für dich.

Wir alle haben eine Geschichte zu erzählen und es gibt immer wenigstens diese eine Geschichte, die wir erzählen müssen. Diese eine Geschichte, die uns nicht in Ruhe lässt, egal ob wir überhaupt den Hang dazu verspüren, sie aufzuschreiben. Weißt du, welche ich meine? Wenn nicht, ist das nicht schlimm. Vielleicht kommt sie dir während der Übungen in den Sinn. Vielleicht passiert das auch nicht, dann muss sie erst noch gefunden werden.

Nimm dir ein Notizbuch oder öffne ein neues Dokument auf deinem Computer. Stell den Timer auf fünfzehn Minuten. Nun frag die Geschichte, warum sie erzählt werden muss. In den nächsten fünfzehn Minuten schreibst du alles auf, was dir in den Sinn kommt.

Du kannst an dieser Stelle aufhören oder noch ein wenig nachhaken. Stell den Timer erneut auf fünfzehn Minuten und frage deine Geschichte das Folgende:

Was braucht die Geschichte für dich? Warum bist du die Person, die sie schreiben muss?

WOCHE 2

Ich denke, dass neue Schreibende sich zu sehr sorgen, dass alles schon einmal gesagt wurde. Sicherlich wurde es schon einmal gesagt, aber nicht von *dir*.

ASHA DORNFEST

EINE WOCHE GESCHAFFT, NOCH EINUNDFÜNFZIG VOR DIR.

DATUM: ....

TRACKING

Bevor du die letzte Woche reflektierst, gibt es irgendetwas, worüber du Dampf ablassen musst?

Sieh dir das Ziel oder die Ziele der letzten Woche an.

Was hast du erreicht?	Was hast du nicht erreicht?

Hast du Ziele erreicht, die nicht auf der Liste der letzten Woche standen? Wenn ja, schreibe sie hier auf.

TRACKING

Hast du zu wenig von dir erwartet, zu viel oder hast du dein Ziel realistisch gesetzt?

Falls du dein(e) Ziel(e) nicht erreicht hast, was kannst du tun, damit du nächste Woche erfolgreich bist? Wenn du sie erreicht hast, was hat dir geholfen zu erreichen, wonach du gestrebt hast?

Was hast du in der letzten Woche über dich selbst/ dein Schreiben gelernt?

W. 2

PLANUNG

Was sind deine Ziele für die kommende Woche?

Sieh sie dir noch einmal an. Bist du realistisch?
Falls nicht, was wäre realistischer?

Hast du letzte Woche irgendjemandem oder irgendetwas gegenüber Rechenschaft abgelegt? Falls ja, würdest du diese Woche etwas anders machen? Falls nicht, wer oder was könnte dich diese Woche zur Verantwortung ziehen?

Planung

Kannst du dein(e) Ziel(e) auf kleinere Elemente runterbrechen? Wenn du dir sicher bist, dass du sie nicht weiter runterbrechen kannst, trage deine Teilziele in den Kalender auf der nächsten Seite ein.

W. 2

	MORGEN	NACHMITTAG	NACHT
M: ...... /			
D: ...... /			
M: ...... /			
D: ...... /			
F: ...... /			
S: ...... /			
S: ...... /			

Schreibaufgabe

Jede Schreibaufgabe ist freiwillig. Falls sie dir, warum auch immer, nicht zusagt, lass sie einfach aus. Wer weiß, vielleicht macht die Aufgabe zu einem späteren Zeitpunkt mehr Sinn für dich.

Denke an die Geschichte, an der du gerade arbeitest oder an der du arbeiten möchtest. Inwiefern ist sie anderen Geschichten ähnlich? Was unterscheidet deine Geschichte von anderen?

Nimm dir ein Notizbuch oder öffne ein neues Dokument auf deinem Computer. Versuche in den nächsten fünfzehn Minuten folgende Frage zu beantworten:

Was bringst du mit? Welche Stimme, welche Perspektive, welches Wissen, welchen Blickwinkel? Was macht deine Geschichte deine Geschichte?

WOCHE 3

"

Die bedauernswertesten Menschen auf Erden sind die, die sich zu kreativer Arbeit berufen fühlten, die ihre eigene Schaffenskraft als unruhig und aufständisch empfanden und ihr keine Energie oder Zeit gewidmet haben.

MARY OLIVER

DATUM: ....

TRACKING

Bevor du die letzte Woche reflektierst, gibt es irgendetwas, worüber du Dampf ablassen musst?

Sieh dir das Ziel oder die Ziele der letzten Woche an.

Was hast du erreicht?	Was hast du nicht erreicht?

Hast du Ziele erreicht, die nicht auf der Liste der letzten Woche standen? Wenn ja, schreibe sie hier auf.

Tracking

Hast du zu wenig von dir erwartet, zu viel oder hast du dein Ziel realistisch gesetzt?

Falls du dein(e) Ziel(e) nicht erreicht hast, was kannst du tun, damit du nächste Woche erfolgreich bist? Wenn du sie erreicht hast, was hat dir geholfen zu erreichen, wonach du gestrebt hast?

Was hast du in der letzten Woche über dich selbst/ dein Schreiben gelernt?

PLANUNG

Was sind deine Ziele für die kommende Woche?

Sieh sie dir noch einmal an. Bist du realistisch?
Falls nicht, was wäre realistischer?

Hast du letzte Woche irgendjemandem oder irgendetwas gegenüber
Rechenschaft abgelegt? Falls ja, würdest du diese Woche etwas anders machen?
Falls nicht, wer oder was könnte dich diese Woche zur Verantwortung ziehen?

PLANUNG

Kannst du dein(e) Ziel(e) auf kleinere Elemente runterbrechen? Wenn du dir sicher bist, dass du sie nicht weiter runterbrechen kannst, trage deine Teilziele in den Kalender auf der nächsten Seite ein.

W 3

	Morgen	Nachmittag	Nacht
M: ___ / ___			
D: ___ / ___			
M: ___ / ___			
D: ___ / ___			
F: ___ / ___			
S: ___ / ___			
S: ___ / ___			

SCHREIBAUFGABE

Jede Schreibaufgabe ist freiwillig. Falls sie dir, warum auch immer, nicht zusagt, lass sie einfach aus. Wer weiß, vielleicht macht die Aufgabe zu einem späteren Zeitpunkt mehr Sinn für dich.

Heute ist der Tag, an dem du das Schreiben aufgibst. Du wirfst dieses Schreibtagebuch mit Kalender weg und beschließt ein für alle Mal: Es ist deine wertvolle Zeit und deine Bemühungen nicht wert. Es ist sinnlos etwas zu Papier zu bringen, egal ob per Bleistift oder Tastatur, es möchte eh niemand hören, was du zu sagen hast.

In zwanzig Jahren wirst du nach dem Tag, an dem du das Handtuch geworfen hast, nicht ein einziges Wort geschrieben haben. Schreibe einen Brief an die Person, die aufgegeben hat, dein jetzt lebendes Ich. Zwanzig Jahre später, was würdest du dir über diese Entscheidung erzählen?

WOCHE 4

“

Das Schlimmste was du je geschrieben hast ist besser als der beste Gedanke, den du nicht geschrieben hast.

UNBEKANNTER AUTOR

SEID IHR NOCH DABEI?

DATUM: ....

TRACKING

Bevor du die letzte Woche reflektierst, gibt es irgendetwas, worüber du Dampf ablassen musst?

Sieh dir das Ziel oder die Ziele der letzten Woche an.

Was hast du erreicht?	Was hast du nicht erreicht?

Hast du Ziele erreicht, die nicht auf der Liste der letzten Woche standen? Wenn ja, schreibe sie hier auf.

TRACKING

Hast du zu wenig von dir erwartet, zu viel oder hast du dein Ziel realistisch gesetzt?

Falls du dein(e) Ziel(e) nicht erreicht hast, was kannst du tun, damit du nächste Woche erfolgreich bist? Wenn du sie erreicht hast, was hat dir geholfen zu erreichen, wonach du gestrebt hast?

Was hast du in der letzten Woche über dich selbst/ dein Schreiben gelernt?

PLANUNG

Was sind deine Ziele für die kommende Woche?

Sieh sie dir noch einmal an. Bist du realistisch?
Falls nicht, was wäre realistischer?

Hast du letzte Woche irgendjemandem oder irgendetwas gegenüber Rechenschaft abgelegt? Falls ja, würdest du diese Woche etwas anders machen? Falls nicht, wer oder was könnte dich diese Woche zur Verantwortung ziehen?

Planung

Kannst du dein(e) Ziel(e) auf kleinere Elemente runterbrechen? Wenn du dir sicher bist, dass du sie nicht weiter runterbrechen kannst, trage deine Teilziele in den Kalender auf der nächsten Seite ein.

W 4

	MORGEN	NACHMITTAG	NACHT
M: ...... /			
D: ...... /			
M: ...... /			
D: ...... /			
F: ...... /			
S: ...... /			
S: ...... /			

Schreibaufgabe

Jede Schreibaufgabe ist freiwillig. Falls sie dir, warum auch immer, nicht zusagt, lass sie einfach aus. Wer weiß, vielleicht macht die Aufgabe zu einem späteren Zeitpunkt mehr Sinn für dich.

Stöber durch deine bisher geschriebenen Texte und suche einen heraus, von dem du überhaupt nicht überzeugt bist. Lies ihn noch einmal.

Was an dem Text *ist* in Ordnung? Lass dir die Details durch den Kopf gehen. Ist es der Schreibstil, die Art wie du die Handlung strukturiert hast, die eine Beschreibung, die dir gelungen ist? Beende den folgenden Satz:

Es kann sein, dass ich diese Geschichte nicht mag, weil............, aber ich bin sehr zufrieden mit ...., ..., ..., und so weiter.

WOCHE 5

Es ist schon einige Jahre her - zu viele, denke ich - seit ich mich für das was ich schreibe geschämt habe. Ich denke, ich war vierzig, als ich begriffen habe, dass alle Verfassenden von Fiktion oder Gedichten, die je eine Zeile veröffentlicht haben, von jemanden beschuldigt worden ist, ihr gottgegebenes Talent zu verschwenden. Wenn du schreibst (oder malst oder tanzt oder töpferst oder singst, nehme ich an,) wird es immer jemanden geben, der versuchen wird, dir ein mieses Gefühl zu geben. Das ist alles.

STEPHEN KING

DATUM: ....

TRACKING

Bevor du die letzte Woche reflektierst, gibt es irgendetwas, worüber du Dampf ablassen musst?

Sieh dir das Ziel oder die Ziele der letzten Woche an.

Was hast du erreicht?	Was hast du nicht erreicht?

Hast du Ziele erreicht, die nicht auf der Liste der letzten Woche standen? Wenn ja, schreibe sie hier auf.

TRACKING

Hast du zu wenig von dir erwartet, zu viel oder hast du dein Ziel realistisch gesetzt?

Falls du dein(e) Ziel(e) nicht erreicht hast, was kannst du tun, damit du nächste Woche erfolgreich bist? Wenn du sie erreicht hast, was hat dir geholfen zu erreichen, wonach du gestrebt hast?

Was hast du in der letzten Woche über dich selbst/ dein Schreiben gelernt?

W.5

PLANUNG

Was sind deine Ziele für die kommende Woche?

Sieh sie dir noch einmal an. Bist du realistisch?
Falls nicht, was wäre realistischer?

Hast du letzte Woche irgendjemandem oder irgendetwas gegenüber Rechenschaft abgelegt? Falls ja, würdest du diese Woche etwas anders machen? Falls nicht, wer oder was könnte dich diese Woche zur Verantwortung ziehen?

Planung

Kannst du dein(e) Ziel(e) auf kleinere Elemente runterbrechen? Wenn du dir sicher bist, dass du sie nicht weiter runterbrechen kannst, trage deine Teilziele in den Kalender auf der nächsten Seite ein.

W 5

	Morgen	Nachmittag	Nacht
M: ___ / ___			
D: ___ / ___			
M: ___ / ___			
D: ___ / ___			
F: ___ / ___			
S: ___ / ___			
S: ___ / ___			

Schreibaufgabe

Jede Schreibaufgabe ist freiwillig. Falls sie dir, warum auch immer, nicht zusagt, lass sie einfach aus. Wer weiß, vielleicht macht die Aufgabe zu einem späteren Zeitpunkt mehr Sinn für dich.

Nimm dir ein Notizbuch oder öffne ein neues Dokument auf deinem Computer. Stell deinen Timer auf fünfzehn Minuten und erstelle eine Liste von Themen, Leitmotiven, Charaktertypen, Situationen, Wendungen in der Handlung, die du als Leser magst. Zensiere dich dabei nicht, niemand wird es je lesen, wenn du es nicht willst.

Wenn du fertig bist, markiere die Punkte, die du in deinem Text verwendet hast. Wähle eine andere Farbe und markiere die Elemente, über die du wenigstens einmal schreiben möchtest.

WOCHE 6

“

Du bist immer nackt, wenn du zu schreiben beginnst; es ist immer als hättest du noch nie vorher etwas geschrieben; du bist immer ein Anfänger. Shakespeare hat geschrieben, ohne zu wissen, dass er Shakespeare werden würde.

ERICA JONG

DU HAST DIE ERSTEN FÜNF WOCHEN GESCHAFFT,
DAS IST MEHR ALS EIN MONAT!

DATUM: ....

TRACKING

Bevor du die letzte Woche reflektierst, gibt es irgendetwas, worüber du Dampf ablassen musst?

Sieh dir das Ziel oder die Ziele der letzten Woche an.

Was hast du erreicht?	Was hast du nicht erreicht?

Hast du Ziele erreicht, die nicht auf der Liste der letzten Woche standen? Wenn ja, schreibe sie hier auf.

TRACKING

Hast du zu wenig von dir erwartet, zu viel oder hast du dein Ziel realistisch gesetzt?

Falls du dein(e) Ziel(e) nicht erreicht hast, was kannst du tun, damit du nächste Woche erfolgreich bist? Wenn du sie erreicht hast, was hat dir geholfen zu erreichen, wonach du gestrebt hast?

Was hast du in der letzten Woche über dich selbst/ dein Schreiben gelernt?

PLANUNG

Was sind deine Ziele für die kommende Woche?

Sieh sie dir noch einmal an. Bist du realistisch?
Falls nicht, was wäre realistischer?

Hast du letzte Woche irgendjemandem oder irgendetwas gegenüber Rechenschaft abgelegt? Falls ja, würdest du diese Woche etwas anders machen? Falls nicht, wer oder was könnte dich diese Woche zur Verantwortung ziehen?

PLANUNG

Kannst du dein(e) Ziel(e) auf kleinere Elemente runterbrechen? Wenn du dir sicher bist, dass du sie nicht weiter runterbrechen kannst, trage deine Teilziele in den Kalender auf der nächsten Seite ein.

W 6

	Morgen	Nachmittag	Nacht
M: ___ / ___			
D: ___ / ___			
M: ___ / ___			
D: ___ / ___			
F: ___ / ___			
S: ___ / ___			
S: ___ / ___			

SCHREIBAUFGABE

Jede Schreibaufgabe ist freiwillig. Falls sie dir, warum auch immer, nicht zusagt, lass sie einfach aus. Wer weiß, vielleicht macht die Aufgabe zu einem späteren Zeitpunkt mehr Sinn für dich.

Diese Woche schreibst du einen weiteren Brief an dein jetziges Ich. Du kannst selbst wählen von welchem Jahr aus du an dich selbst im Jetzt zurückschreibst. Vielleicht möchtest du zwei Briefe aus verschiedenen Zeiten in der Zukunft schreiben?

Es spielt keine Rolle, ob du die nächste Zadie Smith oder Angela Carter, der nächste Stephen King oder Kahlil Gibran wirst, oder auch nicht. Welchen Rat würdest du dir selbst geben?

WOCHE 7

> „
>
> Was ist die beste Art zu schreiben?
> Jeder von uns muss einen eigenen Weg
> durch Schreiben entdecken. Schreiben
> lehrt schreiben. Keiner kann dir sagen,
> was dein eigenes Geheimnis ist.
>
> GAIL SHER

DATUM: ....

TRACKING

Bevor du die letzte Woche reflektierst, gibt es irgendetwas, worüber du Dampf ablassen musst?

Sieh dir das Ziel oder die Ziele der letzten Woche an.

Was hast du erreicht?	Was hast du nicht erreicht?

Hast du Ziele erreicht, die nicht auf der Liste der letzten Woche standen? Wenn ja, schreibe sie hier auf.

W.7

TRACKING

Hast du zu wenig von dir erwartet, zu viel oder hast du dein Ziel realistisch gesetzt?

Falls du dein(e) Ziel(e) nicht erreicht hast, was kannst du tun, damit du nächste Woche erfolgreich bist? Wenn du sie erreicht hast, was hat dir geholfen zu erreichen, wonach du gestrebt hast?

Was hast du in der letzten Woche über dich selbst/ dein Schreiben gelernt?

PLANUNG

Was sind deine Ziele für die kommende Woche?

Sieh sie dir noch einmal an. Bist du realistisch?
Falls nicht, was wäre realistischer?

Hast du letzte Woche irgendjemandem oder irgendetwas gegenüber Rechenschaft abgelegt? Falls ja, würdest du diese Woche etwas anders machen? Falls nicht, wer oder was könnte dich diese Woche zur Verantwortung ziehen?

PLANUNG

Kannst du dein(e) Ziel(e) auf kleinere Elemente runterbrechen? Wenn du dir sicher bist, dass du sie nicht weiter runterbrechen kannst, trage deine Teilziele in den Kalender auf der nächsten Seite ein.

W 7	Morgen	Nachmittag	Nacht
M: ...... /			
D: ...... /			
M: ...... /			
D: ...... /			
F: ...... /			
S: ...... /			
S: ...... /			

SCHREIBAUFGABE

Jede Schreibaufgabe ist freiwillig. Falls sie dir, warum auch immer, nicht zusagt, lass sie einfach aus. Wer weiß, vielleicht macht die Aufgabe zu einem späteren Zeitpunkt mehr Sinn für dich.

Es ist egal, wie viele Bücher, die diese oder jene Schreibmethode oder Gepflogenheit vorschlagen, am Ende gibt es genauso viele Arten zu schreiben, wie es schreibende Personen gibt. Dies bedeutet jedoch nicht, dass du deinen eigenen besten Weg von der Pike auf entdecken musst.

Diese Woche schau dir unterschiedliche Schreibbräuche und Methoden an. Geh online und finde heraus, was andere Schreibende getan haben oder tun. Überzeugt dich etwas davon?

Schöpfe aus den verschiedenen Quellen und probiere, was dir zusagt; aber denke nicht, du musst das gesamte System übernehmen. Picke dir die Teile raus, die für dich funktionieren und geh weiter. Lass die Teile, die dir nicht zusagen, zurück.

Woche 8

> „Schließ die Tür. Schreib, ohne dass dir jemand über die Schulter guckt. Mach dir keine Gedanken darüber, was Andere von dir hören wollen: finde heraus, was du zu sagen hast. Das ist das Einzige, was du anzubieten hast.
>
> BARBARA KINGSOLVER

Sieben Wochen und es werden immer mehr!

Datum: ....

TRACKING

Bevor du die letzte Woche reflektierst, gibt es irgendetwas, worüber du Dampf ablassen musst?

Sieh dir das Ziel oder die Ziele der letzten Woche an.

Was hast du erreicht?	Was hast du nicht erreicht?

Hast du Ziele erreicht, die nicht auf der Liste der letzten Woche standen? Wenn ja, schreibe sie hier auf.

W. 8

TRACKING

Hast du zu wenig von dir erwartet, zu viel oder hast du dein Ziel realistisch gesetzt?

Falls du dein(e) Ziel(e) nicht erreicht hast, was kannst du tun, damit du nächste Woche erfolgreich bist? Wenn du sie erreicht hast, was hat dir geholfen zu erreichen, wonach du gestrebt hast?

Was hast du in der letzten Woche über dich selbst/ dein Schreiben gelernt?

Planung

Was sind deine Ziele für die kommende Woche?

Sieh sie dir noch einmal an. Bist du realistisch?
Falls nicht, was wäre realistischer?

Hast du letzte Woche irgendjemandem oder irgendetwas gegenüber Rechenschaft abgelegt? Falls ja, würdest du diese Woche etwas anders machen? Falls nicht, wer oder was könnte dich diese Woche zur Verantwortung ziehen?

Planung

Kannst du dein(e) Ziel(e) auf kleinere Elemente runterbrechen? Wenn du dir sicher bist, dass du sie nicht weiter runterbrechen kannst, trage deine Teilziele in den Kalender auf der nächsten Seite ein.

W. 8

	Morgen	Nachmittag	Nacht
M: ____ / ____			
D: ____ / ____			
M: ____ / ____			
D: ____ / ____			
F: ____ / ____			
S: ____ / ____			
S: ____ / ____			

SCHREIBAUFGABE

Jede Schreibaufgabe ist freiwillig. Falls sie dir, warum auch immer, nicht zusagt, lass sie einfach aus. Wer weiß, vielleicht macht die Aufgabe zu einem späteren Zeitpunkt mehr Sinn für dich.

Was würdest du schreiben, wenn dich niemand beobachtet?

Stell deinen Timer und nimm dir fünfzehn Minuten, um diese Frage zu beantworten. Vielleicht kommt am Ende eine Liste von Themen, eine kurze Gliederung oder eine Szene bei raus.

WOCHE 9

Wenn du ‚Ja' zu anderen sagst, geh sicher, dass du nicht ‚Nein' zu dir selbst sagst.

PAULO COELHO

DATUM: ....

TRACKING

Bevor du die letzte Woche reflektierst, gibt es irgendetwas, worüber du Dampf ablassen musst?

Sieh dir das Ziel oder die Ziele der letzten Woche an.

Was hast du erreicht?	Was hast du nicht erreicht?

Hast du Ziele erreicht, die nicht auf der Liste der letzten Woche standen? Wenn ja, schreibe sie hier auf.

W. 9

TRACKING

Hast du zu wenig von dir erwartet, zu viel oder hast du dein Ziel realistisch gesetzt?

Falls du dein(e) Ziel(e) nicht erreicht hast, was kannst du tun, damit du nächste Woche erfolgreich bist? Wenn du sie erreicht hast, was hat dir geholfen zu erreichen, wonach du gestrebt hast?

Was hast du in der letzten Woche über dich selbst/ dein Schreiben gelernt?

Planung

Was sind deine Ziele für die kommende Woche?

Sieh sie dir noch einmal an. Bist du realistisch?
Falls nicht, was wäre realistischer?

Hast du letzte Woche irgendjemandem oder irgendetwas gegenüber Rechenschaft abgelegt? Falls ja, würdest du diese Woche etwas anders machen? Falls nicht, wer oder was könnte dich diese Woche zur Verantwortung ziehen?

Planung

Kannst du dein(e) Ziel(e) auf kleinere Elemente runterbrechen? Wenn du dir sicher bist, dass du sie nicht weiter runterbrechen kannst, trage deine Teilziele in den Kalender auf der nächsten Seite ein.

W 9

	Morgen	Nachmittag	Nacht
M: ..... /			
D: ..... /			
M: ..... /			
D: ..... /			
F: ..... /			
S: ..... /			
S: ..... /			

Schreibaufgabe

Jede Schreibaufgabe ist freiwillig. Falls sie dir, warum auch immer, nicht zusagt, lass sie einfach aus. Wer weiß, vielleicht macht die Aufgabe zu einem späteren Zeitpunkt mehr Sinn für dich.

Bereitet es dir Schwierigkeiten ‚Ja' zu dir selbst zu sagen? Wenn ja, bezieht sich das nur auf dein Schreiben oder taucht dieses Problem in mehreren Bereichen deines Lebens auf? Stell den Timer auf zehn Minuten und erstelle eine Liste von Dingen, die dir guttun und deine Batterie wieder aufladen.

Wenn du nachhaken möchtest, stell den Timer erneut und – für jeden Punkt auf deiner Liste – schreibe auf, wie oft sie für dich stattfinden müssten, damit sie deine Batterie aufladen. Wöchentlich, einmal im Monat oder vierteljährlich?

Du kannst auch gerne schon den nächsten Schritt gehen: in Bezug auf jeden Punkt auf deiner Liste, was brauchst du, um ‚Ja' zu dir selbst zu sagen?

WOCHE 10

> Wenn du den Mund nicht aufmachst, wie soll die Welt wissen, dass du existierst?
>
> UNBEKANNTER AUTOR

FÜHLST DU DICH WOHL DAMIT, DEINE ARBEIT MIT DER WELT ZU TEILEN? WENN JA, WIRST DU MIT DER SCHREIBAUFGABE DIESER WOCHE VIEL SPASS HABEN.

DATUM: ....

TRACKING

Bevor du die letzte Woche reflektierst, gibt es irgendetwas, worüber du Dampf ablassen musst?

Sieh dir das Ziel oder die Ziele der letzten Woche an.

Was hast du erreicht?

Was hast du nicht erreicht?

Hast du Ziele erreicht, die nicht auf der Liste der letzten Woche standen? Wenn ja, schreibe sie hier auf.

TRACKING

Hast du zu wenig von dir erwartet, zu viel oder hast du dein Ziel realistisch gesetzt?

Falls du dein(e) Ziel(e) nicht erreicht hast, was kannst du tun, damit du nächste Woche erfolgreich bist? Wenn du sie erreicht hast, was hat dir geholfen zu erreichen, wonach du gestrebt hast?

Was hast du in der letzten Woche über dich selbst/ dein Schreiben gelernt?

Planung

Was sind deine Ziele für die kommende Woche?

Sieh sie dir noch einmal an. Bist du realistisch?
Falls nicht, was wäre realistischer?

Hast du letzte Woche irgendjemandem oder irgendetwas gegenüber Rechenschaft abgelegt? Falls ja, würdest du diese Woche etwas anders machen? Falls nicht, wer oder was könnte dich diese Woche zur Verantwortung ziehen?

PLANUNG

Kannst du dein(e) Ziel(e) auf kleinere Elemente runterbrechen? Wenn du dir sicher bist, dass du sie nicht weiter runterbrechen kannst, trage deine Teilziele in den Kalender auf der nächsten Seite ein.

W 10	MORGEN	NACHMITTAG	NACHT
M: ___ / ___			
D: ___ / ___			
M: ___ / ___			
D: ___ / ___			
F: ___ / ___			
S: ___ / ___			
S: ___ / ___			

Schreibaufgabe

Jede Schreibaufgabe ist freiwillig. Falls sie dir, warum auch immer, nicht zusagt, lass sie einfach aus. Wer weiß, vielleicht macht die Aufgabe zu einem späteren Zeitpunkt mehr Sinn für dich.

Durchsuche dein Geschriebenes und wähle etwas aus, womit du zufrieden bist. Ein kleiner Dialog, ein Gedicht, eine Szene. Es muss nicht perfekt sein. Nimm dir zehn Minuten Zeit und überprüfe, ob es in irgendeiner Weise verändert werden muss.

Öffne deine sozialen Netzwerke und veröffentliche es. Ich meine es ernst. Du kannst gerne erklären, warum du es veröffentlichst, aber poste es.

Wenn du nicht in sozialen Netzwerken vertreten bist, sende es an jemanden, mit dem du befreundet bist – per E-Mail oder Schneckenpost. Es gibt keine Entschuldigung es nicht zu tun.

WOCHE 11

“

Dinge müssen nicht die Welt verändern, um wichtig zu sein.

STEVE JOBS

DATUM: ....

TRACKING

Bevor du die letzte Woche reflektierst, gibt es irgendetwas, worüber du Dampf ablassen musst?

Sieh dir das Ziel oder die Ziele der letzten Woche an.

Was hast du erreicht?	Was hast du nicht erreicht?

Hast du Ziele erreicht, die nicht auf der Liste der letzten Woche standen? Wenn ja, schreibe sie hier auf.

TRACKING

Hast du zu wenig von dir erwartet, zu viel oder hast du dein Ziel realistisch gesetzt?

Falls du dein(e) Ziel(e) nicht erreicht hast, was kannst du tun, damit du nächste Woche erfolgreich bist? Wenn du sie erreicht hast, was hat dir geholfen zu erreichen, wonach du gestrebt hast?

Was hast du in der letzten Woche über dich selbst/ dein Schreiben gelernt?

Planung

Was sind deine Ziele für die kommende Woche?

Sieh sie dir noch einmal an. Bist du realistisch?
Falls nicht, was wäre realistischer?

Hast du letzte Woche irgendjemandem oder irgendetwas gegenüber Rechenschaft abgelegt? Falls ja, würdest du diese Woche etwas anders machen? Falls nicht, wer oder was könnte dich diese Woche zur Verantwortung ziehen?

Planung

Kannst du dein(e) Ziel(e) auf kleinere Elemente runterbrechen? Wenn du dir sicher bist, dass du sie nicht weiter runterbrechen kannst, trage deine Teilziele in den Kalender auf der nächsten Seite ein.

W. 11

	Morgen	Nachmittag	Nacht
M: ...... /			
D: ...... /			
M: ...... /			
D: ...... /			
F: ...... /			
S: ...... /			
S: ...... /			

Schreibaufgabe

Jede Schreibaufgabe ist freiwillig. Falls sie dir, warum auch immer, nicht zusagt, lass sie einfach aus. Wer weiß, vielleicht macht die Aufgabe zu einem späteren Zeitpunkt mehr Sinn für dich.

Warum sind dir deine Geschichten wichtig? Stell deinen Timer und nimm dir fünfzehn Minuten Zeit, um diese Frage zu beantworten.

Kannst du dir vorstellen, dass andere Menschen deine Geschichten genau deshalb wichtig finden könnten?

WOCHE 12

> Der furchteinflößendste Moment ist immer der, kurz bevor du anfängst.
>
> STEPHEN KING

ELF WOCHEN LIEGEN HINTER DIR! VERGING DIE ZEIT WIE IM FLUG ODER SO GUT WIE GAR NICHT?

DATUM: ....

TRACKING

Bevor du die letzte Woche reflektierst, gibt es irgendetwas, worüber du Dampf ablassen musst?

Sieh dir das Ziel oder die Ziele der letzten Woche an.

Was hast du erreicht?	Was hast du nicht erreicht?

Hast du Ziele erreicht, die nicht auf der Liste der letzten Woche standen? Wenn ja, schreibe sie hier auf.

Tracking

Hast du zu wenig von dir erwartet, zu viel oder hast du dein Ziel realistisch gesetzt?

Falls du dein(e) Ziel(e) nicht erreicht hast, was kannst du tun, damit du nächste Woche erfolgreich bist? Wenn du sie erreicht hast, was hat dir geholfen zu erreichen, wonach du gestrebt hast?

Was hast du in der letzten Woche über dich selbst/ dein Schreiben gelernt?

PLANUNG

Was sind deine Ziele für die kommende Woche?

Sieh sie dir noch einmal an. Bist du realistisch?
Falls nicht, was wäre realistischer?

Hast du letzte Woche irgendjemandem oder irgendetwas gegenüber Rechenschaft abgelegt? Falls ja, würdest du diese Woche etwas anders machen? Falls nicht, wer oder was könnte dich diese Woche zur Verantwortung ziehen?

Planung

Kannst du dein(e) Ziel(e) auf kleinere Elemente runterbrechen? Wenn du dir sicher bist, dass du sie nicht weiter runterbrechen kannst, trage deine Teilziele in den Kalender auf der nächsten Seite ein.

W. 12

	MORGEN	NACHMITTAG	NACHT
M: ...... /			
D: ...... /			
M: ...... /			
D: ...... /			
F: ...... /			
S: ...... /			
S: ...... /			

Schreibaufgabe

Jede Schreibaufgabe ist freiwillig. Falls sie dir, warum auch immer, nicht zusagt, lass sie einfach aus. Wer weiß, vielleicht macht die Aufgabe zu einem späteren Zeitpunkt mehr Sinn für dich.

Jedes Mal, wenn dein Stift etwas zu Papier bring oder du beginnst auf deiner Tastatur drauflos zu tippen, eroberst du eine weiße Seite. Du erledigst die Arbeit. Vergiss für einen Moment, wie oft du es nicht geschafft hast, Worte aus dir heraus zu bekommen, sondern feiere die Momente, in denen es dir gelungen ist. Kannst du dich erinnern, wie es sich angefühlt hat eine leere Seite zu erobern?

Nimm ein Notizbuch zur Hand oder öffne ein neues Dokument auf deinem Computer und schreibe auf, wie genau es sich für dich angefühlt hat.

Jedes Mal, wenn dich die Angst wieder überkommt und du dabei bist dir einzureden, dass du es nicht kannst, kehre zu diesem Moment zurück und erinnere dich daran. Du kannst es, du hast nur Angst. Das ist vollkommen in Ordnung. Pass nur auf, dass es dich nicht davon abhält das zu tun, was du tun möchtest.

WOCHE 13

Die Aufgabe eines ersten Entwurfs ist es, dir dabei zu helfen deine Geschichte zu verstehen. Die Aufgabe jedes folgenden Entwurfs ist es herauszufinden, wie du diese Geschichte am effektvollsten erzählen kannst.

DARCY PATTISON

DATUM: ....

TRACKING

Bevor du die letzte Woche reflektierst, gibt es irgendetwas, worüber du Dampf ablassen musst?

Sieh dir das Ziel oder die Ziele der letzten Woche an.

Was hast du erreicht?	Was hast du nicht erreicht?

Hast du Ziele erreicht, die nicht auf der Liste der letzten Woche standen? Wenn ja, schreibe sie hier auf.

TRACKING

Hast du zu wenig von dir erwartet, zu viel oder hast du dein Ziel realistisch gesetzt?

Falls du dein(e) Ziel(e) nicht erreicht hast, was kannst du tun, damit du nächste Woche erfolgreich bist? Wenn du sie erreicht hast, was hat dir geholfen zu erreichen, wonach du gestrebt hast?

Was hast du in der letzten Woche über dich selbst/ dein Schreiben gelernt?

PLANUNG

Was sind deine Ziele für die kommende Woche?

Sieh sie dir noch einmal an. Bist du realistisch?
Falls nicht, was wäre realistischer?

Hast du letzte Woche irgendjemandem oder irgendetwas gegenüber Rechenschaft abgelegt? Falls ja, würdest du diese Woche etwas anders machen? Falls nicht, wer oder was könnte dich diese Woche zur Verantwortung ziehen?

PLANUNG

Kannst du dein(e) Ziel(e) auf kleinere Elemente runterbrechen? Wenn du dir sicher bist, dass du sie nicht weiter runterbrechen kannst, trage deine Teilziele in den Kalender auf der nächsten Seite ein.

W. 13

	Morgen	Nachmittag	Nacht
M: ___ / ___			
D: ___ / ___			
M: ___ / ___			
D: ___ / ___			
F: ___ / ___			
S: ___ / ___			
S: ___ / ___			

Schreibaufgabe

Jede Schreibaufgabe ist freiwillig. Falls sie dir, warum auch immer, nicht zusagt, lass sie einfach aus. Wer weiß, vielleicht macht die Aufgabe zu einem späteren Zeitpunkt mehr Sinn für dich.

Schaffst du es deinen inneren Lektor auszuschalten, während du deinen ersten Entwurf schreibst oder überprüfst du immer wieder Geschriebenes, während du schreibst? Der Wunsch es gleich beim ersten Versuch richtig zu machen ist einer der größten Motivations-Killer. Es ist wie Ernest Hemingway einst sagte:

„Der erste Entwurf ist immer scheiße."

Diese Woche fordere ich dich heraus etwas zu schreiben, ohne ein einziges Mal zurückzublicken. Fokussiere ausschließlich auf die Ziellinie. Es gibt genug Zeit deine Worte zu überarbeiten, nachdem du fertig bist. Du wirst nicht wissen, was du hast, bist du es alles aufgeschrieben hast.

Du hast es durch die ersten drei Monate geschafft!

Wie wirst du feiern?

Schreib es auf, dann zieh los und setz es um!

WOCHE 14

“

Wenn ihr auf Inspiration zum Schreiben wartet, seid ihr keine Schreibenden, ihr seid Wartende.

DAN POYNTER

DATUM: ....

Klarheit

Während Woche 1 hast du aufgeschrieben, warum du dich berufen gefühlt hast, mit dem Schreiben zu beginnen. Konntest du, über die letzten drei Monate betrachtet, wieder eine Verbindung zu dieser Berufung herstellen? Nimm dir einen Moment Zeit darüber nachzudenken.

Konntest du über den Zeitraum der letzten drei Monate das Gefühl, das du früher beim Schreiben hattest, wiederherstellen? Es gibt hier keine richtigen oder falschen Antworten. Wie auch die Berufung, können sich deine Gefühle hinsichtlich des Schreibens verändert haben. Reflektiere auch hierüber einen Moment.

Klarheit

Wenn du auf die letzten drei Monate zurückblickst, wie hat sich das Schreiben an sich angefühlt? Wie hast du dich bevor du begonnen hast, währenddessen und im Anschluss gefühlt?

Bist du noch mit denselben Kämpfen und Hindernissen konfrontiert, die du zu Beginn dieser Reise aufgeführt hast oder haben sie sich geändert? Falls sie sich geändert haben, womit mühst du dich zurzeit ab?

KLARHEIT

In Bezug auf die Kämpfe und Hindernisse, mit denen du dich (noch) auseinandersetzt, kannst du festlegen, welche davon eher innerlich oder äußerlich begründet sind? Selbst wenn sich deine Liste nicht verändert hat, nimm dir trotzdem Zeit darüber nachzudenken. Es ist gut möglich, dass sich auch hier mit der Zeit etwas verändert hat.

Klarheit

Hinsichtlich jedes Kampfes und Hindernisses, was brauchst du, um sie zu überwinden? Falls du dich immer noch mit denselben Hindernissen (oder einem der Hindernisse) beschäftigst, heißt das nicht, dass du dich nicht weiterentwickelst. Dies ist der Augenblick, in dem du festlegst, ob du dich weiterentwickelt hast.

Reflektion

Lass uns einen Moment innehalten und reflektieren. Wenn du an die letzten drei Monate denkst, wofür bist du am dankbarsten?

Was waren die bedeutsamsten Lektionen, die du über dich und dein Schreiben gelernt hast?

Hast du dein(e) Drei-Monats-Ziel(e) erreicht? Wenn ja, (wie) hast du gefeiert? Wenn nicht, welche Schritte könntest du mit dieser Woche beginnend gehen, um dein nächstes Drei-Monats-Ziel oder deine Drei-Monats-Ziele zu erreichen?

ZIELE

Gelten diese Ziele immer noch oder ist es Zeit sie anzupassen?

Wo möchtest du in den nächsten zweiundfünfzig Wochen sein? Wie wirst du feiern?

In neun Monaten? Wie wirst du feiern?

In sechs Monaten? Wie wirst du feiern?

In drei Monaten? Wie wirst du feiern?

Tracking

Bevor du die letzte Woche reflektierst, gibt es irgendetwas, worüber du Dampf ablassen musst?

Sieh dir das Ziel oder die Ziele der letzten Woche an.

Was hast du erreicht?	Was hast du nicht erreicht?

Hast du Ziele erreicht, die nicht auf der Liste der letzten Woche standen? Wenn ja, schreibe sie hier auf.

Tracking

Hast du zu wenig von dir erwartet, zu viel oder hast du dein Ziel realistisch gesetzt?

Falls du dein(e) Ziel(e) nicht erreicht hast, was kannst du tun, damit du nächste Woche erfolgreich bist? Wenn du sie erreicht hast, was hat dir geholfen zu erreichen, wonach du gestrebt hast?

Was hast du in der letzten Woche über dich selbst/ dein Schreiben gelernt?

Planung

Was sind deine Ziele für die kommende Woche?

Sieh sie dir noch einmal an. Bist du realistisch?
Falls nicht, was wäre realistischer?

Hast du letzte Woche irgendjemandem oder irgendetwas gegenüber Rechenschaft abgelegt? Falls ja, würdest du diese Woche etwas anders machen? Falls nicht, wer oder was könnte dich diese Woche zur Verantwortung ziehen?

Planung

Kannst du dein(e) Ziel(e) auf kleinere Elemente runterbrechen? Wenn du dir sicher bist, dass du sie nicht weiter runterbrechen kannst, trage deine Teilziele in den Kalender auf der nächsten Seite ein.

W: 14

	Morgen	Nachmittag	Nacht
M: ...... /			
D: ...... /			
M: ...... /			
D: ...... /			
F: ...... /			
S: ...... /			
S: ...... /			

Schreibaufgabe

Jede Schreibaufgabe ist freiwillig. Falls sie dir, warum auch immer, nicht zusagt, lass sie einfach aus. Wer weiß, vielleicht macht die Aufgabe zu einem späteren Zeitpunkt mehr Sinn für dich.

Kannst du dich einfach auf einen Stuhl setzen und dich dazu bringen zu schreiben?

Probiere diese Woche jeden Tag an einem anderen Ort zu schreiben. Wenn du normalerweise am Küchentisch schreibst, ziehe ins Wohnzimmer um. Wenn du dazu tendierst zuhause zu schreiben, versuch es doch einmal im neuen Café mit dem freien WLAN oder geh in die Bibliothek.

Reflektiere jeden Tag über dein Geschriebenes. War es einfach die Wörter zu Papier zu bringen? War es schwieriger? Ging es schneller als sonst oder langsamer? Warst du mehr oder weniger inspiriert?

WOCHE 15

“

Schreib, als ob es wichtig sei
und es wird wichtig sein.

LIBBA BRAY

DATUM: ....

TRACKING

Bevor du die letzte Woche reflektierst, gibt es irgendetwas, worüber du Dampf ablassen musst?

Sieh dir das Ziel oder die Ziele der letzten Woche an.

Was hast du erreicht?	Was hast du nicht erreicht?

Hast du Ziele erreicht, die nicht auf der Liste der letzten Woche standen? Wenn ja, schreibe sie hier auf.

TRACKING

Hast du zu wenig von dir erwartet, zu viel oder hast du dein Ziel realistisch gesetzt?

Falls du dein(e) Ziel(e) nicht erreicht hast, was kannst du tun, damit du nächste Woche erfolgreich bist? Wenn du sie erreicht hast, was hat dir geholfen zu erreichen, wonach du gestrebt hast?

Was hast du in der letzten Woche über dich selbst/ dein Schreiben gelernt?

PLANUNG

Was sind deine Ziele für die kommende Woche?

Sieh sie dir noch einmal an. Bist du realistisch?
Falls nicht, was wäre realistischer?

Hast du letzte Woche irgendjemandem oder irgendetwas gegenüber Rechenschaft abgelegt? Falls ja, würdest du diese Woche etwas anders machen? Falls nicht, wer oder was könnte dich diese Woche zur Verantwortung ziehen?

W. 15

Planung

Kannst du dein(e) Ziel(e) auf kleinere Elemente runterbrechen? Wenn du dir sicher bist, dass du sie nicht weiter runterbrechen kannst, trage deine Teilziele in den Kalender auf der nächsten Seite ein.

W: 15	Morgen	Nachmittag	Nacht
M: ___ / ___			
D: ___ / ___			
M: ___ / ___			
D: ___ / ___			
F: ___ / ___			
S: ___ / ___			
S: ___ / ___			

Schreibaufgabe

Jede Schreibaufgabe ist freiwillig. Falls sie dir, warum auch immer, nicht zusagt, lass sie einfach aus. Wer weiß, vielleicht macht die Aufgabe zu einem späteren Zeitpunkt mehr Sinn für dich.

Hat irgendetwas, was du geschrieben hast, dich je zum Lachen gebracht? Zum Weinen? Zum Lächeln? Wütend gemacht?

Suche dieses eine deiner Werke aus und lass es jemanden lesen. Achte auf die Gesichter, wenn sie es lesen: durchleben sie dieselben Emotionen wie du als du es geschrieben hast?

WOCHE 16

> Ich habe jahrelang nichts fertiggestellt. Denn, wie es so ist, wenn du etwas beendest, kann es beurteilt werden. Es gab Gedichte, die ich so oft umgeschrieben habe, dass die Vermutung nahe liegt, dass ich schlicht vermeiden wollte sie mit der Welt zu teilen.
>
> ERICA JONG

HIER SIND WIR, SEIT 105 TAGEN DABEI. MAN SAGT, ES DAUERT CIRCA HUNDERT TAGE, UM EINE ANGEWOHNHEIT ZU ENTWICKELN. DARAUS RESULTIERT DIE FRAGE: FÜHLT SICH SCHREIBEN SCHON WIE EINE ANGEWOHNHEIT AN?

DATUM: ....

TRACKING

Bevor du die letzte Woche reflektierst, gibt es irgendetwas, worüber du Dampf ablassen musst?

Sieh dir das Ziel oder die Ziele der letzten Woche an.

Was hast du erreicht?	Was hast du nicht erreicht?

Hast du Ziele erreicht, die nicht auf der Liste der letzten Woche standen? Wenn ja, schreibe sie hier auf.

TRACKING

Hast du zu wenig von dir erwartet, zu viel oder hast du dein Ziel realistisch gesetzt?

Falls du dein(e) Ziel(e) nicht erreicht hast, was kannst du tun, damit du nächste Woche erfolgreich bist? Wenn du sie erreicht hast, was hat dir geholfen zu erreichen, wonach du gestrebt hast?

Was hast du in der letzten Woche über dich selbst/ dein Schreiben gelernt?

Planung

Was sind deine Ziele für die kommende Woche?

Sieh sie dir noch einmal an. Bist du realistisch?
Falls nicht, was wäre realistischer?

Hast du letzte Woche irgendjemandem oder irgendetwas gegenüber Rechenschaft abgelegt? Falls ja, würdest du diese Woche etwas anders machen? Falls nicht, wer oder was könnte dich diese Woche zur Verantwortung ziehen?

PLANUNG

Kannst du dein(e) Ziel(e) auf kleinere Elemente runterbrechen? Wenn du dir sicher bist, dass du sie nicht weiter runterbrechen kannst, trage deine Teilziele in den Kalender auf der nächsten Seite ein.

W. 16

	MORGEN	NACHMITTAG	NACHT
M: ____ / ____			
D: ____ / ____			
M: ____ / ____			
D: ____ / ____			
F: ____ / ____			
S: ____ / ____			
S: ____ / ____			

SCHREIBAUFGABE

Jede Schreibaufgabe ist freiwillig. Falls sie dir, warum auch immer, nicht zusagt, lass sie einfach aus. Wer weiß, vielleicht macht die Aufgabe zu einem späteren Zeitpunkt mehr Sinn für dich.

Nimm dir ein Notizbuch oder öffne ein neues Dokument auf deinem Computer. Mach eine Liste aller Projekte (groß und klein), die du begonnen, aber nicht beendet hast. Die Projekte müssen nichts mit Schreiben zu tun haben.

Wenn du fertig bist, markiere die Projekte, die du nicht beendet hast, weil du dachtest, du könntest es nicht (nicht die, die du nicht beendet hast, weil du es wirklich nicht konntest). Welche Gedanken haben dich davon abgehalten, diese Projekte zu vollenden? Erkennst du ein Muster oder stehen die Aspekte nicht im Zusammenhang?

WOCHE 17

> Die Aufgabe von Schreibenden ist nicht, das zu sagen, was wir alle sagen können, sondern das, was wir nicht sagen können.
>
> ANAIS NIN

DATUM: ....

TRACKING

Bevor du die letzte Woche reflektierst, gibt es irgendetwas, worüber du Dampf ablassen musst?

Sieh dir das Ziel oder die Ziele der letzten Woche an.

Was hast du erreicht?	Was hast du nicht erreicht?

Hast du Ziele erreicht, die nicht auf der Liste der letzten Woche standen? Wenn ja, schreibe sie hier auf.

W. 17

TRACKING

Hast du zu wenig von dir erwartet, zu viel oder hast du dein Ziel realistisch gesetzt?

Falls du dein(e) Ziel(e) nicht erreicht hast, was kannst du tun, damit du nächste Woche erfolgreich bist? Wenn du sie erreicht hast, was hat dir geholfen zu erreichen, wonach du gestrebt hast?

Was hast du in der letzten Woche über dich selbst/ dein Schreiben gelernt?

PLANUNG

Was sind deine Ziele für die kommende Woche?

Sieh sie dir noch einmal an. Bist du realistisch?
Falls nicht, was wäre realistischer?

Hast du letzte Woche irgendjemandem oder irgendetwas gegenüber
Rechenschaft abgelegt? Falls ja, würdest du diese Woche etwas anders machen?
Falls nicht, wer oder was könnte dich diese Woche zur Verantwortung ziehen?

PLANUNG

Kannst du dein(e) Ziel(e) auf kleinere Elemente runterbrechen? Wenn du dir sicher bist, dass du sie nicht weiter runterbrechen kannst, trage deine Teilziele in den Kalender auf der nächsten Seite ein.

W 17

	Morgen	Nachmittag	Nacht
M: ___ / ___			
D: ___ / ___			
M: ___ / ___			
D: ___ / ___			
F: ___ / ___			
S: ___ / ___			
S: ___ / ___			

Schreibaufgabe

Jede Schreibaufgabe ist freiwillig. Falls sie dir, warum auch immer, nicht zusagt, lass sie einfach aus. Wer weiß, vielleicht macht die Aufgabe zu einem späteren Zeitpunkt mehr Sinn für dich.

Stell deinen Timer auf zwanzig Minuten und schreibe auf, was nur du sagen kannst, die Geschichte, die nur du erzählen kannst.

Falls du ein wenig mehr nachhaken magst, nachdem du die Übung abgeschlossen hast, geh zurück zu Woche 1 und vergleiche deine Notizen. Sticht etwas besonders hervor?

WOCHE 18

“

Würde ich auf Perfektion warten,
würde ich nie ein Wort schreiben.

MARGARET ATWOOD

WIE SCHLÄGST DU DICH?
IMMER NOCH GUT IN FORM?

DATUM: ....

TRACKING

Bevor du die letzte Woche reflektierst, gibt es irgendetwas, worüber du Dampf ablassen musst?

Sieh dir das Ziel oder die Ziele der letzten Woche an.

Was hast du erreicht?	Was hast du nicht erreicht?

Hast du Ziele erreicht, die nicht auf der Liste der letzten Woche standen? Wenn ja, schreibe sie hier auf.

TRACKING

Hast du zu wenig von dir erwartet, zu viel oder hast du dein Ziel realistisch gesetzt?

Falls du dein(e) Ziel(e) nicht erreicht hast, was kannst du tun, damit du nächste Woche erfolgreich bist? Wenn du sie erreicht hast, was hat dir geholfen zu erreichen, wonach du gestrebt hast?

Was hast du in der letzten Woche über dich selbst/ dein Schreiben gelernt?

PLANUNG

Was sind deine Ziele für die kommende Woche?

Sieh sie dir noch einmal an. Bist du realistisch?
Falls nicht, was wäre realistischer?

Hast du letzte Woche irgendjemandem oder irgendetwas gegenüber Rechenschaft abgelegt? Falls ja, würdest du diese Woche etwas anders machen? Falls nicht, wer oder was könnte dich diese Woche zur Verantwortung ziehen?

PLANUNG

Kannst du dein(e) Ziel(e) auf kleinere Elemente runterbrechen? Wenn du dir sicher bist, dass du sie nicht weiter runterbrechen kannst, trage deine Teilziele in den Kalender auf der nächsten Seite ein.

W 18

	Morgen	Nachmittag	Nacht
M: ___ / ___			
D: ___ / ___			
M: ___ / ___			
D: ___ / ___			
F: ___ / ___			
S: ___ / ___			
S: ___ / ___			

Schreibaufgabe

Jede Schreibaufgabe ist freiwillig. Falls sie dir, warum auch immer, nicht zusagt, lass sie einfach aus. Wer weiß, vielleicht macht die Aufgabe zu einem späteren Zeitpunkt mehr Sinn für dich.

Denke an ein Buch oder ein Stück Literatur, das dich wirklich begeistert hat. War es perfekt? Hättest du etwas daran geändert, wenn du gekonnt hättest? (Falls nicht, nennst du mir den Titel? Davon muss ich mich selbst überzeugen!) Im Ernst, kein vollendetes Werk ist wirklich vollendet und unterschiedliche Leser werden immer unterschiedliche ‚Fehler' finden.

Teile diese Woche einen ersten Entwurf von dir und bitte um ausschließlich positives Feedback. Du hast richtig gehört, ausschließlich positiv.

Vergiss nicht diese Übung zu reflektieren.

WOCHE 19

Schreiben ist eine Form der Therapie. Manchmal frage ich mich, wie all diejenigen, die nicht schreiben, komponieren oder malen, es schaffen können, dem Wahnsinn, der Melancholie, der Panik und Angst, die einer menschlichen Situation innewohnt, zu entkommen.

GRAHAM GREENE

DATUM: ....

TRACKING

Bevor du die letzte Woche reflektierst, gibt es irgendetwas, worüber du Dampf ablassen musst?

Sieh dir das Ziel oder die Ziele der letzten Woche an.

Was hast du erreicht?	Was hast du nicht erreicht?

Hast du Ziele erreicht, die nicht auf der Liste der letzten Woche standen? Wenn ja, schreibe sie hier auf.

TRACKING

Hast du zu wenig von dir erwartet, zu viel oder hast du dein Ziel realistisch gesetzt?

Falls du dein(e) Ziel(e) nicht erreicht hast, was kannst du tun, damit du nächste Woche erfolgreich bist? Wenn du sie erreicht hast, was hat dir geholfen zu erreichen, wonach du gestrebt hast?

Was hast du in der letzten Woche über dich selbst/ dein Schreiben gelernt?

Planung

Was sind deine Ziele für die kommende Woche?

Sieh sie dir noch einmal an. Bist du realistisch?
Falls nicht, was wäre realistischer?

Hast du letzte Woche irgendjemandem oder irgendetwas gegenüber Rechenschaft abgelegt? Falls ja, würdest du diese Woche etwas anders machen? Falls nicht, wer oder was könnte dich diese Woche zur Verantwortung ziehen?

PLANUNG

Kannst du dein(e) Ziel(e) auf kleinere Elemente runterbrechen? Wenn du dir sicher bist, dass du sie nicht weiter runterbrechen kannst, trage deine Teilziele in den Kalender auf der nächsten Seite ein.

W. 19

W 19

	MORGEN	NACHMITTAG	NACHT
M: ___ / ___			
D: ___ / ___			
M: ___ / ___			
D: ___ / ___			
F: ___ / ___			
S: ___ / ___			
S: ___ / ___			

SCHREIBAUFGABE

Jede Schreibaufgabe ist freiwillig. Falls sie dir, warum auch immer, nicht zusagt, lass sie einfach aus. Wer weiß, vielleicht macht die Aufgabe zu einem späteren Zeitpunkt mehr Sinn für dich.

Warum schreibst du?

Stell deinen Timer auf zwanzig Minuten und liste alle möglichen Gründe dafür, dass du schreibst, auf.

WOCHE 20

Tatsächlich wirst du durch Übung besser. Du lernst deinem tiefsten Ich zu vertrauen und gibst deiner inneren Stimme, die dich vom Schreiben abhalten möchte, nicht nach. Es ist seltsam, dass wir nie die Möglichkeit zu stundenlangem Training eines Fußballteams für ein Spiel in Frage stellen, aber uns fürs Schreiben selten Raum zum Üben einräumen.

NATALIE GOLDBERG

UND EINFACH SO HAST DU WOCHE 20 ERREICHT!

DATUM: ....

TRACKING

Bevor du die letzte Woche reflektierst, gibt es irgendetwas, worüber du Dampf ablassen musst?

Sieh dir das Ziel oder die Ziele der letzten Woche an.

Was hast du erreicht?	Was hast du nicht erreicht?

Hast du Ziele erreicht, die nicht auf der Liste der letzten Woche standen? Wenn ja, schreibe sie hier auf.

TRACKING

Hast du zu wenig von dir erwartet, zu viel oder hast du dein Ziel realistisch gesetzt?

Falls du dein(e) Ziel(e) nicht erreicht hast, was kannst du tun, damit du nächste Woche erfolgreich bist? Wenn du sie erreicht hast, was hat dir geholfen zu erreichen, wonach du gestrebt hast?

Was hast du in der letzten Woche über dich selbst/ dein Schreiben gelernt?

Planung

Was sind deine Ziele für die kommende Woche?

Sieh sie dir noch einmal an. Bist du realistisch?
Falls nicht, was wäre realistischer?

Hast du letzte Woche irgendjemandem oder irgendetwas gegenüber Rechenschaft abgelegt? Falls ja, würdest du diese Woche etwas anders machen? Falls nicht, wer oder was könnte dich diese Woche zur Verantwortung ziehen?

Planung

Kannst du dein(e) Ziel(e) auf kleinere Elemente runterbrechen? Wenn du dir sicher bist, dass du sie nicht weiter runterbrechen kannst, trage deine Teilziele in den Kalender auf der nächsten Seite ein.

W. 20

	Morgen	Nachmittag	Nacht
M: ___ / ___			
D: ___ / ___			
M: ___ / ___			
D: ___ / ___			
F: ___ / ___			
S: ___ / ___			
S: ___ / ___			

Schreibaufgabe

Jede Schreibaufgabe ist freiwillig. Falls sie dir, warum auch immer, nicht zusagt, lass sie einfach aus. Wer weiß, vielleicht macht die Aufgabe zu einem späteren Zeitpunkt mehr Sinn für dich.

Hast du schon mal das Gefühl gehabt nicht wirklich zu schreiben, wenn du dich nicht mit dem beschäftigst, was gerade in Arbeit ist?

Diese Woche, schreibe einfach. Irgendetwas. Lass deine Muskeln wachsen. Wen kümmert es, dass die Worte, die du schreibst, nichts mit dem zu tun haben, was du gerade in Arbeit hast? Übung macht den Meister und jedes kleine Wort wird dir helfen deinem Handwerk den Schliff zu geben.

Wenn dir danach ist, nimm dir am Ende der Woche ein Notizbuch oder öffne ein neues Dokument und reflektiere für zehn Minuten über dein Geschriebenes.

WOCHE 21

Eine schreibende Person, so denke ich, ist eine, die der Welt Aufmerksamkeit schenkt.

SUSAN SONTAG

DATUM: ....

TRACKING

Bevor du die letzte Woche reflektierst, gibt es irgendetwas, worüber du Dampf ablassen musst?

Sieh dir das Ziel oder die Ziele der letzten Woche an.

Was hast du erreicht?	Was hast du nicht erreicht?

Hast du Ziele erreicht, die nicht auf der Liste der letzten Woche standen? Wenn ja, schreibe sie hier auf.

TRACKING

Hast du zu wenig von dir erwartet, zu viel oder hast du dein Ziel realistisch gesetzt?

Falls du dein(e) Ziel(e) nicht erreicht hast, was kannst du tun, damit du nächste Woche erfolgreich bist? Wenn du sie erreicht hast, was hat dir geholfen zu erreichen, wonach du gestrebt hast?

Was hast du in der letzten Woche über dich selbst/ dein Schreiben gelernt?

PLANUNG

Was sind deine Ziele für die kommende Woche?

Sieh sie dir noch einmal an. Bist du realistisch?
Falls nicht, was wäre realistischer?

Hast du letzte Woche irgendjemandem oder irgendetwas gegenüber Rechenschaft abgelegt? Falls ja, würdest du diese Woche etwas anders machen? Falls nicht, wer oder was könnte dich diese Woche zur Verantwortung ziehen?

PLANUNG

Kannst du dein(e) Ziel(e) auf kleinere Elemente runterbrechen? Wenn du dir sicher bist, dass du sie nicht weiter runterbrechen kannst, trage deine Teilziele in den Kalender auf der nächsten Seite ein.

W 21

	Morgen	Nachmittag	Nacht
M: ___ / ___			
D: ___ / ___			
M: ___ / ___			
D: ___ / ___			
F: ___ / ___			
S: ___ / ___			
S: ___ / ___			

SCHREIBAUFGABE

Jede Schreibaufgabe ist freiwillig. Falls sie dir, warum auch immer, nicht zusagt, lass sie einfach aus. Wer weiß, vielleicht macht die Aufgabe zu einem späteren Zeitpunkt mehr Sinn für dich.

Mach es dir am Fenster gemütlich. Stell einen Timer auf fünf, zehn oder fünfzehn Minuten – je nachdem wie du dich fühlst – und schau aus dem Fenster. Nimm einfach wahr.

Sobald der Timer runtergezählt hat, nimm dir dein Notizbuch oder öffne ein neues Dokument auf deinem Computer und schreibe alles auf, was deine Aufmerksamkeit auf sich gezogen hat.

WOCHE 22

Schreib. Denk dran, Andere können dich (oder mich) davon abhalten Publizierende zu sein, aber sie können dich nicht davon abhalten, eine schreibende Person zu sein. Alles was du tun musst, ist schreiben. Und weiterzuschreiben. Während du an deiner Karriere arbeitest, während du deine Kinder großziehst, während du Forellen fischt – schreib weiter! Keiner kann dich stoppen außer du selbst.

KATHERINE NEVILLE

WENN DU BISHER ALLEN SCHREIBAUFFORDERUNGEN NACHGEKOMMEN BIST, STELL SICHER, DASS DU AUCH DIESE WOCHE ZEIT DAFÜR FINDEST. ES KÖNNTE EIN EFFEKTIVER IMPULSGEBER SEIN.

DATUM: ....

TRACKING

Bevor du die letzte Woche reflektierst, gibt es irgendetwas, worüber du Dampf ablassen musst?

Sieh dir das Ziel oder die Ziele der letzten Woche an.

Was hast du erreicht?	Was hast du nicht erreicht?

Hast du Ziele erreicht, die nicht auf der Liste der letzten Woche standen? Wenn ja, schreibe sie hier auf.

W. 22

TRACKING

Hast du zu wenig von dir erwartet, zu viel oder hast du dein Ziel realistisch gesetzt?

Falls du dein(e) Ziel(e) nicht erreicht hast, was kannst du tun, damit du nächste Woche erfolgreich bist? Wenn du sie erreicht hast, was hat dir geholfen zu erreichen, wonach du gestrebt hast?

Was hast du in der letzten Woche über dich selbst/ dein Schreiben gelernt?

PLANUNG

Was sind deine Ziele für die kommende Woche?

Sieh sie dir noch einmal an. Bist du realistisch?
Falls nicht, was wäre realistischer?

Hast du letzte Woche irgendjemandem oder irgendetwas gegenüber Rechenschaft abgelegt? Falls ja, würdest du diese Woche etwas anders machen? Falls nicht, wer oder was könnte dich diese Woche zur Verantwortung ziehen?

Planung

Kannst du dein(e) Ziel(e) auf kleinere Elemente runterbrechen? Wenn du dir sicher bist, dass du sie nicht weiter runterbrechen kannst, trage deine Teilziele in den Kalender auf der nächsten Seite ein.

W 22

	Morgen	Nachmittag	Nacht
M: ___ / ___			
D: ___ / ___			
M: ___ / ___			
D: ___ / ___			
F: ___ / ___			
S: ___ / ___			
S: ___ / ___			

Schreibaufgabe

Jede Schreibaufgabe ist freiwillig. Falls sie dir, warum auch immer, nicht zusagt, lass sie einfach aus. Wer weiß, vielleicht macht die Aufgabe zu einem späteren Zeitpunkt mehr Sinn für dich.

Hältst du dich manchmal selbst davon ab, eine schreibende Person zu sein? Ist es schwierig für dich, deinen Schreibübungen Priorität einzuräumen?

Nimm dir ein Notizbuch oder öffne ein neues Dokument auf deinem Computer. Stell den Timer auf zwanzig Minuten und liste alle Dinge auf, die dich die Woche über vom Schreiben abhalten.

Wenn du fertig bist, setze dich mit jedem einzelnen Punkt auseinander. Haben die einzelnen Punkte tatsächlich Vorrang vor Schreiben oder ist es an der Zeit deine Prioritäten neu zu setzen?

WOCHE 23

Sei mutig und versuche so zu schreiben, dass es dir ein wenig Angst macht.

HOLLEY GERTH

DATUM: ....

TRACKING

Bevor du die letzte Woche reflektierst, gibt es irgendetwas, worüber du Dampf ablassen musst?

Sieh dir das Ziel oder die Ziele der letzten Woche an.

Was hast du erreicht?	Was hast du nicht erreicht?

Hast du Ziele erreicht, die nicht auf der Liste der letzten Woche standen? Wenn ja, schreibe sie hier auf.

TRACKING

Hast du zu wenig von dir erwartet, zu viel oder hast du dein Ziel realistisch gesetzt?

Falls du dein(e) Ziel(e) nicht erreicht hast, was kannst du tun, damit du nächste Woche erfolgreich bist? Wenn du sie erreicht hast, was hat dir geholfen zu erreichen, wonach du gestrebt hast?

Was hast du in der letzten Woche über dich selbst/ dein Schreiben gelernt?

Planung

Was sind deine Ziele für die kommende Woche?

Sieh sie dir noch einmal an. Bist du realistisch?
Falls nicht, was wäre realistischer?

Hast du letzte Woche irgendjemandem oder irgendetwas gegenüber Rechenschaft abgelegt? Falls ja, würdest du diese Woche etwas anders machen? Falls nicht, wer oder was könnte dich diese Woche zur Verantwortung ziehen?

Planung

Kannst du dein(e) Ziel(e) auf kleinere Elemente runterbrechen? Wenn du dir sicher bist, dass du sie nicht weiter runterbrechen kannst, trage deine Teilziele in den Kalender auf der nächsten Seite ein.

W. 23

	MORGEN	NACHMITTAG	NACHT
M: ..... /			
D: ..... /			
M: ..... /			
D: ..... /			
F: ..... /			
S: ..... /			
S: ..... /			

Schreibaufgabe

Jede Schreibaufgabe ist freiwillig. Falls sie dir, warum auch immer, nicht zusagt, lass sie einfach aus. Wer weiß, vielleicht macht die Aufgabe zu einem späteren Zeitpunkt mehr Sinn für dich.

Denk an die eine Sache, über die zu schreiben dir Angst macht. Ja, genau die, schieb sie nicht weg, es ist eh zu spät. Du kannst das.

Nimm dir fünf Minuten und schreibe genau darüber. Vergiss nicht zu atmen.

WOCHE 24

> Ich schreibe, weil ich nicht weiß, was ich denke, bis ich gelesen habe, was ich sage.
>
> FLANNERY O'CONNOR

PSSSST!
DU HAST ES FAST DURCH DIE ERSTEN SECHS MONATE GESCHAFFT!

DATUM: ....

TRACKING

Bevor du die letzte Woche reflektierst, gibt es irgendetwas, worüber du Dampf ablassen musst?

Sieh dir das Ziel oder die Ziele der letzten Woche an.

Was hast du erreicht?	Was hast du nicht erreicht?

Hast du Ziele erreicht, die nicht auf der Liste der letzten Woche standen? Wenn ja, schreibe sie hier auf.

TRACKING

Hast du zu wenig von dir erwartet, zu viel oder hast du dein Ziel realistisch gesetzt?

Falls du dein(e) Ziel(e) nicht erreicht hast, was kannst du tun, damit du nächste Woche erfolgreich bist? Wenn du sie erreicht hast, was hat dir geholfen zu erreichen, wonach du gestrebt hast?

Was hast du in der letzten Woche über dich selbst/ dein Schreiben gelernt?

W. 24

Planung

Was sind deine Ziele für die kommende Woche?

Sieh sie dir noch einmal an. Bist du realistisch?
Falls nicht, was wäre realistischer?

Hast du letzte Woche irgendjemandem oder irgendetwas gegenüber Rechenschaft abgelegt? Falls ja, würdest du diese Woche etwas anders machen? Falls nicht, wer oder was könnte dich diese Woche zur Verantwortung ziehen?

PLANUNG

Kannst du dein(e) Ziel(e) auf kleinere Elemente runterbrechen? Wenn du dir sicher bist, dass du sie nicht weiter runterbrechen kannst, trage deine Teilziele in den Kalender auf der nächsten Seite ein.

W 24

	MORGEN	NACHMITTAG	NACHT
M: ___ / ___			
D: ___ / ___			
M: ___ / ___			
D: ___ / ___			
F: ___ / ___			
S: ___ / ___			
S: ___ / ___			

Schreibaufgabe

Jede Schreibaufgabe ist freiwillig. Falls sie dir, warum auch immer, nicht zusagt, lass sie einfach aus. Wer weiß, vielleicht macht die Aufgabe zu einem späteren Zeitpunkt mehr Sinn für dich.

Nimm dir fünfzehn Minuten zum freien Schreiben. Schreib einfach drauf los und schau nicht zurück. Schreib auf, was unbedingt aufgeschrieben werden muss.

Versuche dies an jedem der nächsten sieben Tage zu tun. Du kannst es beispielsweise gleich nach dem Aufstehen erledigen oder wenn du in einem Kapitel oder einer Szene nicht weiterkommst. Schreib einfach auf, was dir in den Sinn kommt und beobachte, ob es dich voranbringt oder aus deiner Blockade löst.

WOCHE 25

“

Schritt für Schritt, reist man einen langen Weg.

J.R.R. TOLKIEN

DATUM: ....

TRACKING

Bevor du die letzte Woche reflektierst, gibt es irgendetwas, worüber du Dampf ablassen musst?

Sieh dir das Ziel oder die Ziele der letzten Woche an.

Was hast du erreicht?	Was hast du nicht erreicht?

Hast du Ziele erreicht, die nicht auf der Liste der letzten Woche standen? Wenn ja, schreibe sie hier auf.

TRACKING

Hast du zu wenig von dir erwartet, zu viel oder hast du dein Ziel realistisch gesetzt?

Falls du dein(e) Ziel(e) nicht erreicht hast, was kannst du tun, damit du nächste Woche erfolgreich bist? Wenn du sie erreicht hast, was hat dir geholfen zu erreichen, wonach du gestrebt hast?

Was hast du in der letzten Woche über dich selbst/ dein Schreiben gelernt?

Planung

Was sind deine Ziele für die kommende Woche?

Sieh sie dir noch einmal an. Bist du realistisch?
Falls nicht, was wäre realistischer?

Hast du letzte Woche irgendjemandem oder irgendetwas gegenüber Rechenschaft abgelegt? Falls ja, würdest du diese Woche etwas anders machen? Falls nicht, wer oder was könnte dich diese Woche zur Verantwortung ziehen?

PLANUNG

Kannst du dein(e) Ziel(e) auf kleinere Elemente runterbrechen? Wenn du dir sicher bist, dass du sie nicht weiter runterbrechen kannst, trage deine Teilziele in den Kalender auf der nächsten Seite ein.

W. 25

	Morgen	Nachmittag	Nacht
M: ___ / ___			
D: ___ / ___			
M: ___ / ___			
D: ___ / ___			
F: ___ / ___			
S: ___ / ___			
S: ___ / ___			

Schreibaufgabe

Jede Schreibaufgabe ist freiwillig. Falls sie dir, warum auch immer, nicht zusagt, lass sie einfach aus. Wer weiß, vielleicht macht die Aufgabe zu einem späteren Zeitpunkt mehr Sinn für dich.

Denk an das kleinste vorstellbare Schreibziel.

Diese Woche feierst du jedes Mal, wenn du dieses Ziel erreichst. Wie du feierst, ist dir überlassen. Champagner? Schokolade? Ein langes, heißes Bad? Ein Siegestanz im Vordergarten? Ungestörte Lesezeit? Eine Yoga-Sitzung?

WOCHE 26

> Falls ihr aufgeben könnt, dann gebt auf. Falls ihr nicht aufgeben könnt, seid ihr Literaturschaffende.
>
> R.A. SALVATORE

WENN DU IMMER NOCH HIER BIST, BIST DU DEFINITIV EINE SCHREIBENDE PERSON. HERZLICHEN GLÜCKWUNSCH ZUM ERREICHEN DER HALBZEIT!

DATUM: ....

TRACKING

Bevor du die letzte Woche reflektierst, gibt es irgendetwas, worüber du Dampf ablassen musst?

Sieh dir das Ziel oder die Ziele der letzten Woche an.

Was hast du erreicht?	Was hast du nicht erreicht?

Hast du Ziele erreicht, die nicht auf der Liste der letzten Woche standen? Wenn ja, schreibe sie hier auf.

W. 26

TRACKING

Hast du zu wenig von dir erwartet, zu viel oder hast du dein Ziel realistisch gesetzt?

Falls du dein(e) Ziel(e) nicht erreicht hast, was kannst du tun, damit du nächste Woche erfolgreich bist? Wenn du sie erreicht hast, was hat dir geholfen zu erreichen, wonach du gestrebt hast?

Was hast du in der letzten Woche über dich selbst/ dein Schreiben gelernt?

PLANUNG

Was sind deine Ziele für die kommende Woche?

Sieh sie dir noch einmal an. Bist du realistisch?
Falls nicht, was wäre realistischer?

Hast du letzte Woche irgendjemandem oder irgendetwas gegenüber Rechenschaft abgelegt? Falls ja, würdest du diese Woche etwas anders machen? Falls nicht, wer oder was könnte dich diese Woche zur Verantwortung ziehen?

Planung

Kannst du dein(e) Ziel(e) auf kleinere Elemente runterbrechen? Wenn du dir sicher bist, dass du sie nicht weiter runterbrechen kannst, trage deine Teilziele in den Kalender auf der nächsten Seite ein.

W 26

	Morgen	Nachmittag	Nacht
M: ___ / ___			
D: ___ / ___			
M: ___ / ___			
D: ___ / ___			
F: ___ / ___			
S: ___ / ___			
S: ___ / ___			

SCHREIBAUFGABE

Jede Schreibaufgabe ist freiwillig. Falls sie dir, warum auch immer, nicht zusagt, lass sie einfach aus. Wer weiß, vielleicht macht die Aufgabe zu einem späteren Zeitpunkt mehr Sinn für dich.

Könntest du aufhören, wenn du wolltest? Stell dir vor du könntest. Wie wäre das?

Nimm dir ein Notizbuch oder öffne ein neues Dokument auf deinem Computer. Stell dir einen Timer und nimm dir fünfzehn Minuten Zeit, um diese Frage zu beantworten.

Wie wäre es, wenn du einfach aufgeben würdest?

Sechs Monate und es geht weiter!

Wie wirst du feiern?

Schreib es auf, dann zieh los und setz es um!

WOCHE 27

“

Schreibende sind Personen,
die ihrem Verstand
beigebracht haben, sich
schlecht zu benehmen.

OSCAR WILDE

DATUM: ....

Klarheit

Während Woche 1 hast du aufgeschrieben, warum du dich berufen gefühlt hast, mit dem Schreiben zu beginnen. Konntest du, über die letzten drei Monate betrachtet, wieder eine Verbindung zu dieser Berufung herstellen? Nimm dir einen Moment Zeit darüber nachzudenken.

Konntest du über den Zeitraum der letzten drei Monate das Gefühl, das du früher beim Schreiben hattest, wiederherstellen? Es gibt hier keine richtigen oder falschen Antworten. Wie auch die Berufung, können sich deine Gefühle hinsichtlich des Schreibens verändert haben. Reflektiere auch hierüber einen Moment.

Klarheit

Wenn du auf die letzten drei Monate zurückblickst, wie hat sich das Schreiben an sich angefühlt? Wie hast du dich bevor du begonnen hast, währenddessen und im Anschluss gefühlt?

Bist du noch mit denselben Kämpfen und Hindernissen konfrontiert, die du zu Beginn dieser Reise aufgeführt hast oder haben sie sich geändert? Falls sie sich geändert haben, womit mühst du dich zurzeit ab?

Klarheit

In Bezug auf die Kämpfe und Hindernisse, mit denen du dich (noch) auseinandersetzt, kannst du festlegen, welche davon eher innerlich oder äußerlich begründet sind? Selbst wenn sich deine Liste nicht verändert hat, nimm dir trotzdem Zeit darüber nachzudenken. Es ist gut möglich, dass sich auch hier mit der Zeit etwas verändert hat.

KLARHEIT

Hinsichtlich jedes Kampfes und Hindernisses, was brauchst du, um sie zu überwinden? Falls du dich immer noch mit denselben Hindernissen (oder einem der Hindernisse) beschäftigst, heißt das nicht, dass du dich nicht weiterentwickelst. Dies ist der Augenblick, in dem du festlegst, ob du dich weiterentwickelt hast.

Reflektion

Lass uns einen Moment innehalten und reflektieren. Wenn du an die letzten drei Monate denkst, wofür bist du am dankbarsten?

Was waren die bedeutsamsten Lektionen, die du über dich und dein Schreiben gelernt hast?

Hast du dein(e) Drei-Monats-Ziel(e) erreicht? Wenn ja, (wie) hast du gefeiert? Wenn nicht, welche Schritte könntest du mit dieser Woche beginnend gehen, um dein nächstes Drei-Monats-Ziel oder deine Drei-Monats-Ziele zu erreichen?

ZIELE

Gelten diese Ziele immer noch oder ist es Zeit sie anzupassen?

Wo möchtest du in den nächsten zweiundfünfzig Wochen sein? Wie wirst du feiern?

In neun Monaten? Wie wirst du feiern?

In sechs Monaten? Wie wirst du feiern?

In drei Monaten? Wie wirst du feiern?

TRACKING

Bevor du die letzte Woche reflektierst, gibt es irgendetwas, worüber du Dampf ablassen musst?

Sieh dir das Ziel oder die Ziele der letzten Woche an.

Was hast du erreicht?	Was hast du nicht erreicht?

Hast du Ziele erreicht, die nicht auf der Liste der letzten Woche standen? Wenn ja, schreibe sie hier auf.

TRACKING

Hast du zu wenig von dir erwartet, zu viel oder hast du dein Ziel realistisch gesetzt?

Falls du dein(e) Ziel(e) nicht erreicht hast, was kannst du tun, damit du nächste Woche erfolgreich bist? Wenn du sie erreicht hast, was hat dir geholfen zu erreichen, wonach du gestrebt hast?

Was hast du in der letzten Woche über dich selbst/ dein Schreiben gelernt?

Planung

Was sind deine Ziele für die kommende Woche?

Sieh sie dir noch einmal an. Bist du realistisch?
Falls nicht, was wäre realistischer?

Hast du letzte Woche irgendjemandem oder irgendetwas gegenüber Rechenschaft abgelegt? Falls ja, würdest du diese Woche etwas anders machen? Falls nicht, wer oder was könnte dich diese Woche zur Verantwortung ziehen?

Planung

Kannst du dein(e) Ziel(e) auf kleinere Elemente runterbrechen? Wenn du dir sicher bist, dass du sie nicht weiter runterbrechen kannst, trage deine Teilziele in den Kalender auf der nächsten Seite ein.

W 27

	MORGEN	NACHMITTAG	NACHT
M: ___ / ___			
D: ___ / ___			
M: ___ / ___			
D: ___ / ___			
F: ___ / ___			
S: ___ / ___			
S: ___ / ___			

SCHREIBAUFGABE

Jede Schreibaufgabe ist freiwillig. Falls sie dir, warum auch immer, nicht zusagt, lass sie einfach aus. Wer weiß, vielleicht macht die Aufgabe zu einem späteren Zeitpunkt mehr Sinn für dich.

Wenn du über dein Geschriebenes sprichst, unterscheidest du dann zwischen der schreibenden Person und dem Rest von dir oder erkennst du an, dass was auch immer du geschrieben hast, dass das du bist?

Erstelle eine Liste deiner fünf Lieblingsliteraturschaffenden. Jetzt schreibe auf, was das Furchtbarste, Ekelhafteste, Verstörende, Unangenehmste, Frechste, Aufwühlende, das sie je geschrieben haben war.

Als du diese Werke das erste Mal gelesen hast, was dachtest du über die Verfassenden? Hat es deine Meinung über sie grundlegend verändert oder geformt?

WOCHE 28

> Schreibende versuchen herauszuhören, was andere nicht sagen...und schreiben über das Schweigen.
>
> N.R. HART

ICH WEISS NICHT, WIE ES DIR GEHT, ABER ICH FÜR MEINEN TEIL BIN FROH, DASS DU NOCH DABEI BIST.

DATUM: ....

TRACKING

Bevor du die letzte Woche reflektierst, gibt es irgendetwas, worüber du Dampf ablassen musst?

Sieh dir das Ziel oder die Ziele der letzten Woche an.

Was hast du erreicht?	Was hast du nicht erreicht?

Hast du Ziele erreicht, die nicht auf der Liste der letzten Woche standen? Wenn ja, schreibe sie hier auf.

TRACKING

Hast du zu wenig von dir erwartet, zu viel oder hast du dein Ziel realistisch gesetzt?

Falls du dein(e) Ziel(e) nicht erreicht hast, was kannst du tun, damit du nächste Woche erfolgreich bist? Wenn du sie erreicht hast, was hat dir geholfen zu erreichen, wonach du gestrebt hast?

Was hast du in der letzten Woche über dich selbst/ dein Schreiben gelernt?

PLANUNG

Was sind deine Ziele für die kommende Woche?

Sieh sie dir noch einmal an. Bist du realistisch?
Falls nicht, was wäre realistischer?

Hast du letzte Woche irgendjemandem oder irgendetwas gegenüber Rechenschaft abgelegt? Falls ja, würdest du diese Woche etwas anders machen? Falls nicht, wer oder was könnte dich diese Woche zur Verantwortung ziehen?

Planung

Kannst du dein(e) Ziel(e) auf kleinere Elemente runterbrechen? Wenn du dir sicher bist, dass du sie nicht weiter runterbrechen kannst, trage deine Teilziele in den Kalender auf der nächsten Seite ein.

W. 28

	Morgen	Nachmittag	Nacht
M: ___ / ___			
D: ___ / ___			
M: ___ / ___			
D: ___ / ___			
F: ___ / ___			
S: ___ / ___			
S: ___ / ___			

Schreibaufgabe

Jede Schreibaufgabe ist freiwillig. Falls sie dir, warum auch immer, nicht zusagt, lass sie einfach aus. Wer weiß, vielleicht macht die Aufgabe zu einem späteren Zeitpunkt mehr Sinn für dich.

Nimm dir ein Notizbuch oder öffne ein neues Dokument auf deinem Computer und schreibe eine Szene, in der kleine Gesten, Mimik und die Stille alles sagen und nicht der eigentliche Dialog.

WOCHE 29

Ein bisschen Talent ist eine gute Sache, wenn Sie eine schreibende Person werden wollen. Die einzige wirkliche Anforderung ist jedoch die Fähigkeit, sich an jede Narbe zu erinnern.

STEPHEN KING

DATUM: ....

TRACKING

Bevor du die letzte Woche reflektierst, gibt es irgendetwas, worüber du Dampf ablassen musst?

Sieh dir das Ziel oder die Ziele der letzten Woche an.

Was hast du erreicht?	Was hast du nicht erreicht?

Hast du Ziele erreicht, die nicht auf der Liste der letzten Woche standen? Wenn ja, schreibe sie hier auf.

TRACKING

Hast du zu wenig von dir erwartet, zu viel oder hast du dein Ziel realistisch gesetzt?

Falls du dein(e) Ziel(e) nicht erreicht hast, was kannst du tun, damit du nächste Woche erfolgreich bist? Wenn du sie erreicht hast, was hat dir geholfen zu erreichen, wonach du gestrebt hast?

Was hast du in der letzten Woche über dich selbst/ dein Schreiben gelernt?

PLANUNG

Was sind deine Ziele für die kommende Woche?

Sieh sie dir noch einmal an. Bist du realistisch?
Falls nicht, was wäre realistischer?

Hast du letzte Woche irgendjemandem oder irgendetwas gegenüber Rechenschaft abgelegt? Falls ja, würdest du diese Woche etwas anders machen? Falls nicht, wer oder was könnte dich diese Woche zur Verantwortung ziehen?

PLANUNG

Kannst du dein(e) Ziel(e) auf kleinere Elemente runterbrechen? Wenn du dir sicher bist, dass du sie nicht weiter runterbrechen kannst, trage deine Teilziele in den Kalender auf der nächsten Seite ein.

W. 29

	Morgen	Nachmittag	Nacht
M: ...... /			
D: ...... /			
M: ...... /			
D: ...... /			
F: ...... /			
S: ...... /			
S: ...... /			

Schreibaufgabe

Jede Schreibaufgabe ist freiwillig. Falls sie dir, warum auch immer, nicht zusagt, lass sie einfach aus. Wer weiß, vielleicht macht die Aufgabe zu einem späteren Zeitpunkt mehr Sinn für dich.

Betrachte deinen Körper genauer und suche nach den kleinen Narben, die Teil von dir sind, solange du denken kannst. Wie sind sie dahin gekommen?

Greif nach deinem Notizbuch oder öffne ein neues Dokument auf deinem Computer und nimm dir fünfzehn Minuten oder so lange wie du brauchst und erzähle die Geschichte von Anfang bis Ende.

WOCHE 30

> Schreib lieber für dich selbst und hab kein Publikum, als für ein Publikum zu schreiben und kein Selbst zu haben.
>
> CYRIL CONNOLLY

FÜR WEN SCHREIBST DU? HAST DU EINE LESERSCHAFT ODER BEHÄLTST DU ALLES FÜR DICH?

DATUM: ....

TRACKING

Bevor du die letzte Woche reflektierst, gibt es irgendetwas, worüber du Dampf ablassen musst?

Sieh dir das Ziel oder die Ziele der letzten Woche an.

Was hast du erreicht?	Was hast du nicht erreicht?

Hast du Ziele erreicht, die nicht auf der Liste der letzten Woche standen? Wenn ja, schreibe sie hier auf.

TRACKING

Hast du zu wenig von dir erwartet, zu viel oder hast du dein Ziel realistisch gesetzt?

Falls du dein(e) Ziel(e) nicht erreicht hast, was kannst du tun, damit du nächste Woche erfolgreich bist? Wenn du sie erreicht hast, was hat dir geholfen zu erreichen, wonach du gestrebt hast?

Was hast du in der letzten Woche über dich selbst/ dein Schreiben gelernt?

PLANUNG

Was sind deine Ziele für die kommende Woche?

Sieh sie dir noch einmal an. Bist du realistisch?
Falls nicht, was wäre realistischer?

Hast du letzte Woche irgendjemandem oder irgendetwas gegenüber Rechenschaft abgelegt? Falls ja, würdest du diese Woche etwas anders machen? Falls nicht, wer oder was könnte dich diese Woche zur Verantwortung ziehen?

PLANUNG

Kannst du dein(e) Ziel(e) auf kleinere Elemente runterbrechen? Wenn du dir sicher bist, dass du sie nicht weiter runterbrechen kannst, trage deine Teilziele in den Kalender auf der nächsten Seite ein.

W. 30

W 30

	Morgen	Nachmittag	Nacht
M: ...... /			
D: ...... /			
M: ...... /			
D: ...... /			
F: ...... /			
S: ...... /			
S: ...... /			

Schreibaufgabe

Jede Schreibaufgabe ist freiwillig. Falls sie dir, warum auch immer, nicht zusagt, lass sie einfach aus. Wer weiß, vielleicht macht die Aufgabe zu einem späteren Zeitpunkt mehr Sinn für dich.

In *Das Leben und das Schreiben: Memoiren*, spricht Stephen King über den idealen Leser, die eine Person, für die du schreibst. Obwohl nicht jeder einen solchen idealen Leser hat, wissen wir alle, von wem wir nicht wollen, dass sie unsere Werke liest.

Nimm dir einen Moment Zeit und schreibe ihre Namen auf. Falls es mehrere sind, wähle die drei wichtigsten aus. Nun nimm dir dein Notizbuch oder öffne ein neues Dokument auf deinem Computer. Widme jeder Person fünfzehn Minuten und schreibe ihnen einen Brief, in dem du erklärst, warum von diesem Moment an ihre Meinung über dich oder deine Arbeit keine Rolle mehr für dich spielt.

WOCHE 31

"

Die einzigen Menschen, die denken, dass schreiben einfach ist, sind Menschen, die nicht schreiben. Schreiben ist ein schwieriger Akt, der Mut verlangt. Tapferkeit ist ebenso gefordert, wie eine Menge Schufterei. Viel von unserer Arbeit ist Arbeit.

GILLIAN ROBERTS

DATUM: ....

TRACKING

Bevor du die letzte Woche reflektierst, gibt es irgendetwas, worüber du Dampf ablassen musst?

Sieh dir das Ziel oder die Ziele der letzten Woche an.

Was hast du erreicht?	Was hast du nicht erreicht?

Hast du Ziele erreicht, die nicht auf der Liste der letzten Woche standen? Wenn ja, schreibe sie hier auf.

TRACKING

Hast du zu wenig von dir erwartet, zu viel oder hast du dein Ziel realistisch gesetzt?

Falls du dein(e) Ziel(e) nicht erreicht hast, was kannst du tun, damit du nächste Woche erfolgreich bist? Wenn du sie erreicht hast, was hat dir geholfen zu erreichen, wonach du gestrebt hast?

Was hast du in der letzten Woche über dich selbst/ dein Schreiben gelernt?

Planung

Was sind deine Ziele für die kommende Woche?

Sieh sie dir noch einmal an. Bist du realistisch?
Falls nicht, was wäre realistischer?

Hast du letzte Woche irgendjemandem oder irgendetwas gegenüber Rechenschaft abgelegt? Falls ja, würdest du diese Woche etwas anders machen? Falls nicht, wer oder was könnte dich diese Woche zur Verantwortung ziehen?

Planung

Kannst du dein(e) Ziel(e) auf kleinere Elemente runterbrechen? Wenn du dir sicher bist, dass du sie nicht weiter runterbrechen kannst, trage deine Teilziele in den Kalender auf der nächsten Seite ein.

W. 31

	MORGEN	NACHMITTAG	NACHT
M: ___ / ___			
D: ___ / ___			
M: ___ / ___			
D: ___ / ___			
F: ___ / ___			
S: ___ / ___			
S: ___ / ___			

SCHREIBAUFGABE

Jede Schreibaufgabe ist freiwillig. Falls sie dir, warum auch immer, nicht zusagt, lass sie einfach aus. Wer weiß, vielleicht macht die Aufgabe zu einem späteren Zeitpunkt mehr Sinn für dich.

Das Missverständnis Anderer in Bezug auf das Schreiben kann ziemlich lähmend sein. Wie auch immer, was andere Menschen denken kann niemals so lähmend sein, wie die Geschichten, die wir uns selbst über unsere Schreibtätigkeiten erzählen.

Nimm dir ein Notizbuch oder öffne ein neues Dokument auf deinem Computer. Stell den Timer auf zwanzig Minuten und manifestiere für dich selbst etwas, dass du dir an die Wand pinnen kannst, wenn du fertig bist. Beginne mit den Worten ‚Ich bin mutig, weil ich schreibe. Ich bin tapfer, denn ich schreibe'.

WOCHE 32

> Die beste Arbeit, die jemand jemals schreibt, ist die Arbeit die kurz davor ist, sie in Verlegenheit zu bringen. Immer.
>
> ARTHUR MILLER

BIST DU BEREIT, DIESE WOCHE NACHZUHAKEN?

DATUM: ....

TRACKING

Bevor du die letzte Woche reflektierst, gibt es irgendetwas, worüber du Dampf ablassen musst?

Sieh dir das Ziel oder die Ziele der letzten Woche an.

Was hast du erreicht?	Was hast du nicht erreicht?

Hast du Ziele erreicht, die nicht auf der Liste der letzten Woche standen? Wenn ja, schreibe sie hier auf.

TRACKING

Hast du zu wenig von dir erwartet, zu viel oder hast du dein Ziel realistisch gesetzt?

Falls du dein(e) Ziel(e) nicht erreicht hast, was kannst du tun, damit du nächste Woche erfolgreich bist? Wenn du sie erreicht hast, was hat dir geholfen zu erreichen, wonach du gestrebt hast?

Was hast du in der letzten Woche über dich selbst/ dein Schreiben gelernt?

PLANUNG

Was sind deine Ziele für die kommende Woche?

Sieh sie dir noch einmal an. Bist du realistisch?
Falls nicht, was wäre realistischer?

Hast du letzte Woche irgendjemandem oder irgendetwas gegenüber
Rechenschaft abgelegt? Falls ja, würdest du diese Woche etwas anders machen?
Falls nicht, wer oder was könnte dich diese Woche zur Verantwortung ziehen?

PLANUNG

Kannst du dein(e) Ziel(e) auf kleinere Elemente runterbrechen? Wenn du dir sicher bist, dass du sie nicht weiter runterbrechen kannst, trage deine Teilziele in den Kalender auf der nächsten Seite ein.

W. 32

	Morgen	Nachmittag	Nacht
M: ___ / ___			
D: ___ / ___			
M: ___ / ___			
D: ___ / ___			
F: ___ / ___			
S: ___ / ___			
S: ___ / ___			

SCHREIBAUFGABE

Jede Schreibaufgabe ist freiwillig. Falls sie dir, warum auch immer, nicht zusagt, lass sie einfach aus. Wer weiß, vielleicht macht die Aufgabe zu einem späteren Zeitpunkt mehr Sinn für dich.

Nimm dir ein Notizbuch oder öffne ein neues Dokument auf deinem Computer. Stell den Timer auf zwanzig Minuten und schreibe etwas, dass eine dir nahestehende Person nicht finden und lesen soll. Diese Person kann jemand sein, der dich aufgezogen hat, eine befreundete Person oder dein Partner.

WOCHE 33

Ich schreibe nur, wenn mich die Muse küsst. Glücklicherweise tut sie das jeden Morgen pünktlich um neun Uhr.

W. SOMERSET MAUGHAM

DATUM: ....

TRACKING

Bevor du die letzte Woche reflektierst, gibt es irgendetwas, worüber du Dampf ablassen musst?

Sieh dir das Ziel oder die Ziele der letzten Woche an.

Was hast du erreicht?	Was hast du nicht erreicht?

Hast du Ziele erreicht, die nicht auf der Liste der letzten Woche standen? Wenn ja, schreibe sie hier auf.

TRACKING

Hast du zu wenig von dir erwartet, zu viel oder hast du dein Ziel realistisch gesetzt?

Falls du dein(e) Ziel(e) nicht erreicht hast, was kannst du tun, damit du nächste Woche erfolgreich bist? Wenn du sie erreicht hast, was hat dir geholfen zu erreichen, wonach du gestrebt hast?

Was hast du in der letzten Woche über dich selbst/ dein Schreiben gelernt?

Planung

Was sind deine Ziele für die kommende Woche?

Sieh sie dir noch einmal an. Bist du realistisch?
Falls nicht, was wäre realistischer?

Hast du letzte Woche irgendjemandem oder irgendetwas gegenüber Rechenschaft abgelegt? Falls ja, würdest du diese Woche etwas anders machen? Falls nicht, wer oder was könnte dich diese Woche zur Verantwortung ziehen?

PLANUNG

Kannst du dein(e) Ziel(e) auf kleinere Elemente runterbrechen? Wenn du dir sicher bist, dass du sie nicht weiter runterbrechen kannst, trage deine Teilziele in den Kalender auf der nächsten Seite ein.

W. 33

W. 33

	MORGEN	NACHMITTAG	NACHT
M: ...... /			
D: ...... /			
M: ...... /			
D: ...... /			
F: ...... /			
S: ...... /			
S: ...... /			

SCHREIBAUFGABE

Jede Schreibaufgabe ist freiwillig. Falls sie dir, warum auch immer, nicht zusagt, lass sie einfach aus. Wer weiß, vielleicht macht die Aufgabe zu einem späteren Zeitpunkt mehr Sinn für dich.

Weißt du, welche Zeit am besten für dich funktioniert, wenn es ums Schreiben geht?

Probiere diese Woche zu anderen Zeiten zu schreiben und gucke was passiert. Du könntest überrascht sein.

WOCHE 34

> Wenn ich schreibe, dann ist es mehr als nur ich an der Tastatur. Es ist das Universum, dass innerhalb des Chaos' in meinem Verstand konvergiert und sich in etwas Schönes verwandelt.
>
> LYNDSEY EVENSTAR

FÜR DEN FALL DER FÄLLE, DASS ES SICH ANDERS ANFÜHLT: DU SCHAFFST DAS!

DATUM: ....

TRACKING

Bevor du die letzte Woche reflektierst, gibt es irgendetwas, worüber du Dampf ablassen musst?

Sieh dir das Ziel oder die Ziele der letzten Woche an.

Was hast du erreicht?	Was hast du nicht erreicht?

Hast du Ziele erreicht, die nicht auf der Liste der letzten Woche standen? Wenn ja, schreibe sie hier auf.

TRACKING

Hast du zu wenig von dir erwartet, zu viel oder hast du dein Ziel realistisch gesetzt?

Falls du dein(e) Ziel(e) nicht erreicht hast, was kannst du tun, damit du nächste Woche erfolgreich bist? Wenn du sie erreicht hast, was hat dir geholfen zu erreichen, wonach du gestrebt hast?

Was hast du in der letzten Woche über dich selbst/ dein Schreiben gelernt?

PLANUNG

Was sind deine Ziele für die kommende Woche?

Sieh sie dir noch einmal an. Bist du realistisch?
Falls nicht, was wäre realistischer?

Hast du letzte Woche irgendjemandem oder irgendetwas gegenüber Rechenschaft abgelegt? Falls ja, würdest du diese Woche etwas anders machen? Falls nicht, wer oder was könnte dich diese Woche zur Verantwortung ziehen?

W. 34

Planung

Kannst du dein(e) Ziel(e) auf kleinere Elemente runterbrechen? Wenn du dir sicher bist, dass du sie nicht weiter runterbrechen kannst, trage deine Teilziele in den Kalender auf der nächsten Seite ein.

W 34

	Morgen	Nachmittag	Nacht
M: ...... /			
D: ...... /			
M: ...... /			
D: ...... /			
F: ...... /			
S: ...... /			
S: ...... /			

Schreibaufgabe

Jede Schreibaufgabe ist freiwillig. Falls sie dir, warum auch immer, nicht zusagt, lass sie einfach aus. Wer weiß, vielleicht macht die Aufgabe zu einem späteren Zeitpunkt mehr Sinn für dich.

Erinnerst du dich an das letzte Mal als beim Schreiben alles zusammenlief? Woran hast du gearbeitet? Nimm dir einen Moment Zeit und lies noch einmal, was du geschrieben hast. Kannst du ausmachen, was dieses Werk so vollkommen macht?

Falls du es nicht kannst, mach dir keine Gedanken. Bitte eine befreundete Person oder andere Schreibende einen Blick drauf zu werfen. Vielleicht könnt ihr es zusammen herausfinden.

WOCHE 35

Manchmal müssen wir, um unseren Weg zu finden, dreimal nach links abbiegen, anstatt einmal nach rechts.

TRICIA HUFFMAN

DATUM: ....

TRACKING

Bevor du die letzte Woche reflektierst, gibt es irgendetwas, worüber du Dampf ablassen musst? .

Sieh dir das Ziel oder die Ziele der letzten Woche an.

Was hast du erreicht?	Was hast du nicht erreicht?

Hast du Ziele erreicht, die nicht auf der Liste der letzten Woche standen? Wenn ja, schreibe sie hier auf.

TRACKING

Hast du zu wenig von dir erwartet, zu viel oder hast du dein Ziel realistisch gesetzt?

Falls du dein(e) Ziel(e) nicht erreicht hast, was kannst du tun, damit du nächste Woche erfolgreich bist? Wenn du sie erreicht hast, was hat dir geholfen zu erreichen, wonach du gestrebt hast?

Was hast du in der letzten Woche über dich selbst/ dein Schreiben gelernt?

Planung

Was sind deine Ziele für die kommende Woche?

Sieh sie dir noch einmal an. Bist du realistisch?
Falls nicht, was wäre realistischer?

Hast du letzte Woche irgendjemandem oder irgendetwas gegenüber Rechenschaft abgelegt? Falls ja, würdest du diese Woche etwas anders machen? Falls nicht, wer oder was könnte dich diese Woche zur Verantwortung ziehen?

PLANUNG

Kannst du dein(e) Ziel(e) auf kleinere Elemente runterbrechen? Wenn du dir sicher bist, dass du sie nicht weiter runterbrechen kannst, trage deine Teilziele in den Kalender auf der nächsten Seite ein.

W. 35

	MORGEN	NACHMITTAG	NACHT
M: ___ / ___			
D: ___ / ___			
M: ___ / ___			
D: ___ / ___			
F: ___ / ___			
S: ___ / ___			
S: ___ / ___			

SCHREIBAUFGABE

Jede Schreibaufgabe ist freiwillig. Falls sie dir, warum auch immer, nicht zusagt, lass sie einfach aus. Wer weiß, vielleicht macht die Aufgabe zu einem späteren Zeitpunkt mehr Sinn für dich.

Leidest du an Komparationitis? Überprüfst du ständig, was andere Menschen machen und vergleichst dies mit deinen eigenen Zielen, Fortschritten, Methoden?

Nimm dir ein Notizbuch oder öffne ein neues Dokument auf deinem Computer. Stell den Timer auf zehn Minuten und schreib auf, wie deiner Meinunq nach dein ‚Schreiben' sein sollte.

Sobald du fertig bist, starte den Timer erneut und schreib auf, wie du dir wünschen würdest, dass dein ‚Schreiben' aussieht.

Vergleiche deine Notizen: Sticht etwas hervor?

WOCHE 36

“

Der effektivste Weg etwas zu tun,
ist es zu tun.

AMELIA EARHART

KANNST DU DIR VORSTELLEN, DASS NUR NOCH SECHSZEHN WOCHEN VOR DIR LIEGEN? PROST!

DATUM: ....

TRACKING

Bevor du die letzte Woche reflektierst, gibt es irgendetwas, worüber du Dampf ablassen musst?

Sieh dir das Ziel oder die Ziele der letzten Woche an.

Was hast du erreicht?

Was hast du nicht erreicht?

Hast du Ziele erreicht, die nicht auf der Liste der letzten Woche standen? Wenn ja, schreibe sie hier auf.

TRACKING

Hast du zu wenig von dir erwartet, zu viel oder hast du dein Ziel realistisch gesetzt?

Falls du dein(e) Ziel(e) nicht erreicht hast, was kannst du tun, damit du nächste Woche erfolgreich bist? Wenn du sie erreicht hast, was hat dir geholfen zu erreichen, wonach du gestrebt hast?

Was hast du in der letzten Woche über dich selbst/ dein Schreiben gelernt?

PLANUNG

Was sind deine Ziele für die kommende Woche?

Sieh sie dir noch einmal an. Bist du realistisch?
Falls nicht, was wäre realistischer?

Hast du letzte Woche irgendjemandem oder irgendetwas gegenüber Rechenschaft abgelegt? Falls ja, würdest du diese Woche etwas anders machen? Falls nicht, wer oder was könnte dich diese Woche zur Verantwortung ziehen?

PLANUNG

Kannst du dein(e) Ziel(e) auf kleinere Elemente runterbrechen? Wenn du dir sicher bist, dass du sie nicht weiter runterbrechen kannst, trage deine Teilziele in den Kalender auf der nächsten Seite ein.

W 36

	Morgen	Nachmittag	Nacht
M: ...... /			
D: ...... /			
M: ...... /			
D: ...... /			
F: ...... /			
S: ...... /			
S: ...... /			

SCHREIBAUFGABE

Jede Schreibaufgabe ist freiwillig. Falls sie dir, warum auch immer, nicht zusagt, lass sie einfach aus. Wer weiß, vielleicht macht die Aufgabe zu einem späteren Zeitpunkt mehr Sinn für dich.

Betrachte die verschiedenen Elemente, die du während Woche 19 aufgedeckt hast.

Stell den Timer auf zwanzig Minuten und verwandle, was auch immer du aufgeschrieben hattest in eine knappe und präzise Liste zum Thema ‚Gründe zu schreiben'. Du kannst wo nötig erweitern, aber versuche die Liste kurz zu halten, damit du sie immer bei dir haben kannst. Perfekt wäre eine Klebenotiz in deinem Portemonnaie oder deiner Handtasche.

Wann auch immer das Widerstreben stark ist, lies die Liste so lange, bis du wieder bereit bist zu schreiben.

WOCHE 37

Schreiben ist ein gefährliches Metier.
Man kann nie sagen, welches Loch du in
die sorgfältig gewobene
Meistererzählung der Gesellschaft reißt.

DANIELLE ORNER

DATUM: ....

TRACKING

Bevor du die letzte Woche reflektierst, gibt es irgendetwas, worüber du Dampf ablassen musst?

Sieh dir das Ziel oder die Ziele der letzten Woche an.

Was hast du erreicht?	Was hast du nicht erreicht?

Hast du Ziele erreicht, die nicht auf der Liste der letzten Woche standen? Wenn ja, schreibe sie hier auf.

TRACKING

Hast du zu wenig von dir erwartet, zu viel oder hast du dein Ziel realistisch gesetzt?

Falls du dein(e) Ziel(e) nicht erreicht hast, was kannst du tun, damit du nächste Woche erfolgreich bist? Wenn du sie erreicht hast, was hat dir geholfen zu erreichen, wonach du gestrebt hast?

Was hast du in der letzten Woche über dich selbst/ dein Schreiben gelernt?

PLANUNG

Was sind deine Ziele für die kommende Woche?

Sieh sie dir noch einmal an. Bist du realistisch?
Falls nicht, was wäre realistischer?

Hast du letzte Woche irgendjemandem oder irgendetwas gegenüber Rechenschaft abgelegt? Falls ja, würdest du diese Woche etwas anders machen? Falls nicht, wer oder was könnte dich diese Woche zur Verantwortung ziehen?

Planung

Kannst du dein(e) Ziel(e) auf kleinere Elemente runterbrechen? Wenn du dir sicher bist, dass du sie nicht weiter runterbrechen kannst, trage deine Teilziele in den Kalender auf der nächsten Seite ein.

W. 37

	Morgen	Nachmittag	Nacht
M: ...... /			
D: ...... /			
M: ...... /			
D: ...... /			
F: ...... /			
S: ...... /			
S: ...... /			

SCHREIBAUFGABE

Jede Schreibaufgabe ist freiwillig. Falls sie dir, warum auch immer, nicht zusagt, lass sie einfach aus. Wer weiß, vielleicht macht die Aufgabe zu einem späteren Zeitpunkt mehr Sinn für dich.

Jede schreibende Person hat ihr eigenes Weltbild und, auf dem einen oder anderen Weg, wird dieses in dein Schreiben einfließen. Manchmal geschieht dies ziemlich explizit, aber es kann auch absolut subtil sein. Hierbei ist es egal, in welchem Genre du schreibst.

Was sagt dein Geschriebenes über dein Weltbild aus? Liegt es in den Schauplätzen, die du wählst? In den Welten, die du erschaffst? Den Themen, die du wissentlich oder unwissentlich behandelst? Den Charakteren, die du ins Leben rufst? Den Dialogen, die aus ihren Mündern purzeln?

Nimm dir ein Notizbuch oder öffne ein neues Dokument auf deinem Computer. Stell den Timer auf fünfzehn Minuten und schreibe deine Antworten auf.

WOCHE 38

"

Literaturschaffende schreiben nicht aus Erfahrungen, obwohl viele zögern dies zuzugeben. ... Wenn du aus Erfahrung schreibst, bekommst du vielleicht ein Buch zusammen, vielleicht drei Gedichte. Literaturschaffende schreiben aus Empathie.

NIKKI GIOVANNI

NEUN MONATE... DU BIST SO NAHE – MACH WEITER!

DATUM: ....

TRACKING

Bevor du die letzte Woche reflektierst, gibt es irgendetwas, worüber du Dampf ablassen musst?

Sieh dir das Ziel oder die Ziele der letzten Woche an.

Was hast du erreicht?	Was hast du nicht erreicht?

Hast du Ziele erreicht, die nicht auf der Liste der letzten Woche standen? Wenn ja, schreibe sie hier auf.

W. 38

TRACKING

Hast du zu wenig von dir erwartet, zu viel oder hast du dein Ziel realistisch gesetzt?

Falls du dein(e) Ziel(e) nicht erreicht hast, was kannst du tun, damit du nächste Woche erfolgreich bist? Wenn du sie erreicht hast, was hat dir geholfen zu erreichen, wonach du gestrebt hast?

Was hast du in der letzten Woche über dich selbst/ dein Schreiben gelernt?

PLANUNG

Was sind deine Ziele für die kommende Woche?

Sieh sie dir noch einmal an. Bist du realistisch?
Falls nicht, was wäre realistischer?

Hast du letzte Woche irgendjemandem oder irgendetwas gegenüber Rechenschaft abgelegt? Falls ja, würdest du diese Woche etwas anders machen? Falls nicht, wer oder was könnte dich diese Woche zur Verantwortung ziehen?

Planung

Kannst du dein(e) Ziel(e) auf kleinere Elemente runterbrechen? Wenn du dir sicher bist, dass du sie nicht weiter runterbrechen kannst, trage deine Teilziele in den Kalender auf der nächsten Seite ein.

W 38	MORGEN	NACHMITTAG	NACHT
M: ...... /			
D: ...... /			
M: ...... /			
D: ...... /			
F: ...... /			
S: ...... /			
S: ...... /			

Schreibaufgabe

Jede Schreibaufgabe ist freiwillig. Falls sie dir, warum auch immer, nicht zusagt, lass sie einfach aus. Wer weiß, vielleicht macht die Aufgabe zu einem späteren Zeitpunkt mehr Sinn für dich.

Wie viel von dir fließt (un)wissentlich in deine Charaktere ein? Hast du je jemanden ins Leben geschrieben, der überhaupt nicht wie du ist? Traust du dich, in ihre Haut zu kriechen?

Denk dir einen Charakter aus, der dir nicht annähernd ähnelt, weder in Bezug auf deinen Beruf, Gender, Sexualität, ethnische Gruppe, Gesellschaftsschicht, Kindheitstraumata, und so weiter. Nimm dir ein Notizbuch oder öffne ein neues Dokument auf deinem Computer. Stell den Timer auf zwanzig Minuten und schreib eine Szene aus der Perspektive dieser Person.

Wenn du einer der Schreibenden bist, die es leicht finden Charaktere zu schreiben, die dich selbst nicht widerspiegeln, dann versuche es genau andersherum. Stell den Timer auf zwanzig Minuten und schreibe eine Szene aus der Perspektive eines Charakters, der dir stark ähnelt.

WOCHE 39

“

Liebe ist die Antwort auf alles. Sie ist der einzige Grund irgendetwas zu tun. Wenn du keine Geschichten schreibst, die du liebst, dann wirst du es nie schaffen. Wenn du keine Geschichten schreibst, die andere Menschen lieben, wirst du es nie schaffen.

RAY BRADBURY

DATUM: ....

Tracking

Bevor du die letzte Woche reflektierst, gibt es irgendetwas, worüber du Dampf ablassen musst?

Sieh dir das Ziel oder die Ziele der letzten Woche an.

Was hast du erreicht?	Was hast du nicht erreicht?

Hast du Ziele erreicht, die nicht auf der Liste der letzten Woche standen? Wenn ja, schreibe sie hier auf.

TRACKING

Hast du zu wenig von dir erwartet, zu viel oder hast du dein Ziel realistisch gesetzt?

Falls du dein(e) Ziel(e) nicht erreicht hast, was kannst du tun, damit du nächste Woche erfolgreich bist? Wenn du sie erreicht hast, was hat dir geholfen zu erreichen, wonach du gestrebt hast?

Was hast du in der letzten Woche über dich selbst/ dein Schreiben gelernt?

PLANUNG

Was sind deine Ziele für die kommende Woche?

Sieh sie dir noch einmal an. Bist du realistisch?
Falls nicht, was wäre realistischer?

Hast du letzte Woche irgendjemandem oder irgendetwas gegenüber Rechenschaft abgelegt? Falls ja, würdest du diese Woche etwas anders machen? Falls nicht, wer oder was könnte dich diese Woche zur Verantwortung ziehen?

Planung

Kannst du dein(e) Ziel(e) auf kleinere Elemente runterbrechen? Wenn du dir sicher bist, dass du sie nicht weiter runterbrechen kannst, trage deine Teilziele in den Kalender auf der nächsten Seite ein.

W. 39

	Morgen	Nachmittag	Nacht
M: ..... /			
D: ..... /			
M: ..... /			
D: ..... /			
F: ..... /			
S: ..... /			
S: ..... /			

SCHREIBAUFGABE

Jede Schreibaufgabe ist freiwillig. Falls sie dir, warum auch immer, nicht zusagt, lass sie einfach aus. Wer weiß, vielleicht macht die Aufgabe zu einem späteren Zeitpunkt mehr Sinn für dich.

Nimm dir ein Notizbuch oder öffne ein neues Dokument auf deinem Computer. Stell den Timer auf zwanzig Minuten und erstelle eine Liste von Themen, die du liebend gern beim Schreiben erkunden würdest. Es ist egal, wie düster, abgedreht, schnulzig oder erotisch diese sind.

Sobald du fertig bist, stell den Timer erneut. Schreibe zu jedem Punkt auf deiner Liste auf, warum andere Menschen liebend gern lesen würden, was du über diese Themen zu sagen hast.

Neun Monate sind um!

Hättest du gedacht, dass du es so weit schaffst?

Wie wirst du feiern?

Schreib es auf, dann zieh los und setz es um!

WOCHE 40

"

Stell das verdammte Buch fertig. Alles andere ist unwichtig. Höre auf, dich in Frage zu stellen und schreib es zu Ende. Du weißt nicht, was du hast, bis du fertig bist. Du weißt nicht, wie du es in Ordnung bringen kannst, bevor nicht alles auf Papier steht.

LAUREN BEUKES

DATUM: ....

Klarheit

Während Woche 1 hast du aufgeschrieben, warum du dich berufen gefühlt hast, mit dem Schreiben zu beginnen. Konntest du, über die letzten drei Monate betrachtet, wieder eine Verbindung zu dieser Berufung herstellen? Nimm dir einen Moment Zeit darüber nachzudenken.

Konntest du über den Zeitraum der letzten drei Monate das Gefühl, das du früher beim Schreiben hattest, wiederherstellen? Es gibt hier keine richtigen oder falschen Antworten. Wie auch die Berufung, können sich deine Gefühle hinsichtlich des Schreibens verändert haben. Reflektiere auch hierüber einen Moment.

KLARHEIT

Wenn du auf die letzten drei Monate zurückblickst, wie hat sich das Schreiben an sich angefühlt? Wie hast du dich bevor du begonnen hast, währenddessen und im Anschluss gefühlt?

Bist du noch mit denselben Kämpfen und Hindernissen konfrontiert, die du zu Beginn dieser Reise aufgeführt hast oder haben sie sich geändert? Falls sie sich geändert haben, womit mühst du dich zurzeit ab?

Klarheit

In Bezug auf die Kämpfe und Hindernisse, mit denen du dich (noch) auseinandersetzt, kannst du festlegen, welche davon eher innerlich oder äußerlich begründet sind? Selbst wenn sich deine Liste nicht verändert hat, nimm dir trotzdem Zeit darüber nachzudenken. Es ist gut möglich, dass sich auch hier mit der Zeit etwas verändert hat.

Klarheit

Hinsichtlich jedes Kampfes und Hindernisses, was brauchst du, um sie zu überwinden? Falls du dich immer noch mit denselben Hindernissen (oder einem der Hindernisse) beschäftigst, heißt das nicht, dass du dich nicht weiterentwickelst. Dies ist der Augenblick, in dem du festlegst, ob du dich weiterentwickelt hast.

Reflektion

Lass uns einen Moment innehalten und reflektieren. Wenn du an die letzten drei Monate denkst, wofür bist du am dankbarsten?

Was waren die bedeutsamsten Lektionen, die du über dich und dein Schreiben gelernt hast?

Hast du dein(e) Drei-Monats-Ziel(e) erreicht? Wenn ja, (wie) hast du gefeiert? Wenn nicht, welche Schritte könntest du mit dieser Woche beginnend gehen, um dein nächstes Drei-Monats-Ziel oder deine Drei-Monats-Ziele zu erreichen?

ZIELE

Gelten diese Ziele immer noch oder ist es Zeit sie anzupassen?

Wo möchtest du in den nächsten zweiundfünfzig Wochen sein? Wie wirst du feiern?

In neun Monaten? Wie wirst du feiern?

In sechs Monaten? Wie wirst du feiern?

In drei Monaten? Wie wirst du feiern?

TRACKING

Bevor du die letzte Woche reflektierst, gibt es irgendetwas, worüber du Dampf ablassen musst?

Sieh dir das Ziel oder die Ziele der letzten Woche an.

Was hast du erreicht?	Was hast du nicht erreicht?

Hast du Ziele erreicht, die nicht auf der Liste der letzten Woche standen? Wenn ja, schreibe sie hier auf.

W. 40

TRACKING

Hast du zu wenig von dir erwartet, zu viel oder hast du dein Ziel realistisch gesetzt?

Falls du dein(e) Ziel(e) nicht erreicht hast, was kannst du tun, damit du nächste Woche erfolgreich bist? Wenn du sie erreicht hast, was hat dir geholfen zu erreichen, wonach du gestrebt hast?

Was hast du in der letzten Woche über dich selbst/ dein Schreiben gelernt?

PLANUNG

Was sind deine Ziele für die kommende Woche?

Sieh sie dir noch einmal an. Bist du realistisch?
Falls nicht, was wäre realistischer?

Hast du letzte Woche irgendjemandem oder irgendetwas gegenüber Rechenschaft abgelegt? Falls ja, würdest du diese Woche etwas anders machen? Falls nicht, wer oder was könnte dich diese Woche zur Verantwortung ziehen?

W. 40

Planung

Kannst du dein(e) Ziel(e) auf kleinere Elemente runterbrechen? Wenn du dir sicher bist, dass du sie nicht weiter runterbrechen kannst, trage deine Teilziele in den Kalender auf der nächsten Seite ein.

W. 40

	Morgen	Nachmittag	Nacht
M: ____ / ____			
D: ____ / ____			
M: ____ / ____			
D: ____ / ____			
F: ____ / ____			
S: ____ / ____			
S: ____ / ____			

Schreibaufgabe

Jede Schreibaufgabe ist freiwillig. Falls sie dir, warum auch immer, nicht zusagt, lass sie einfach aus. Wer weiß, vielleicht macht die Aufgabe zu einem späteren Zeitpunkt mehr Sinn für dich.

Für wen schreibst du? Für dich selbst? Für deine Urgroßmutter, die nie die Möglichkeit hatte, selbst Schriftstellerin zu werden? Diesen inspirierenden Grundschullehrer, der immer an dich geglaubt hat? Einen deiner Eltern oder beide?

Nimm dir ein Notizbuch oder öffne ein neues Dokument auf deinem Computer. Stell den Timer auf zwanzig Minuten und frage dich, für wen du das ‚Ende' erreichen möchtest. Wer auch immer es ist, schreib derjenigen Person einen Brief – selbst wenn die Person du selbst bist – und erkläre warum du das Zeug dazu hast die Ziellinie zu erreichen.

WOCHE 41

> Deine Intuition weiß, was zu schreiben ist, also lass sie ans Steuer.
>
> RAY BRADBURY

FALLS DIE DIESWÖCHIGE SCHREIBAUFFORDERUNG BESONDERS HERAUSFORDERND SEIN SOLLTE, HABE ICH EINE EXTRA AUFGABE, DIE DABEI HILFREICH SEIN KÖNNTE. DU KANNST MICH UNTER MARIELLE@MSWORDSMITH.NL ERREICHEN.

DATUM: ....

TRACKING

Bevor du die letzte Woche reflektierst, gibt es irgendetwas, worüber du Dampf ablassen musst?

Sieh dir das Ziel oder die Ziele der letzten Woche an.

Was hast du erreicht?	Was hast du nicht erreicht?

Hast du Ziele erreicht, die nicht auf der Liste der letzten Woche standen? Wenn ja, schreibe sie hier auf.

W. 41

TRACKING

Hast du zu wenig von dir erwartet, zu viel oder hast du dein Ziel realistisch gesetzt?

Falls du dein(e) Ziel(e) nicht erreicht hast, was kannst du tun, damit du nächste Woche erfolgreich bist? Wenn du sie erreicht hast, was hat dir geholfen zu erreichen, wonach du gestrebt hast?

Was hast du in der letzten Woche über dich selbst/ dein Schreiben gelernt?

PLANUNG

Was sind deine Ziele für die kommende Woche?

Sieh sie dir noch einmal an. Bist du realistisch?
Falls nicht, was wäre realistischer?

Hast du letzte Woche irgendjemandem oder irgendetwas gegenüber Rechenschaft abgelegt? Falls ja, würdest du diese Woche etwas anders machen? Falls nicht, wer oder was könnte dich diese Woche zur Verantwortung ziehen?

Planung

Kannst du dein(e) Ziel(e) auf kleinere Elemente runterbrechen? Wenn du dir sicher bist, dass du sie nicht weiter runterbrechen kannst, trage deine Teilziele in den Kalender auf der nächsten Seite ein.

W. 41

	Morgen	Nachmittag	Nacht
M: ___ / ___			
D: ___ / ___			
M: ___ / ___			
D: ___ / ___			
F: ___ / ___			
S: ___ / ___			
S: ___ / ___			

Schreibaufgabe

Jede Schreibaufgabe ist freiwillig. Falls sie dir, warum auch immer, nicht zusagt, lass sie einfach aus. Wer weiß, vielleicht macht die Aufgabe zu einem späteren Zeitpunkt mehr Sinn für dich.

Wie oft kommt dein Kopf dir in die Quere, wenn du schreibst?

Wann immer diese Woche Gedanken deinen Schreibprozess unterbrechen, halte inne und protokolliere es. Welche Gedanken schießen dir durch den Kopf? Du musst dich noch nicht mit ihnen auseinandersetzen; notiere sie dir fix und versuche zum Schreiben zurückzukehren. Falls das nicht hilft, nimm dir eine kurze Pause, selbst wenn es nur schnell ein Glas Wasser holen ist.

Am Ende der Woche schau dir die Gedanken an, die du gesammelt hast. Fällt dir etwas besonders ins Auge? Sagen deine Notizen etwas über die Gedankengänge aus, die du während des Schreibens hast oder darüber, inwieweit dein Kopf sich deiner Intuition in den Weg stellt? Hat es dir geholfen, die Gedanken schnell aufzuschreiben, bevor du weitergeschrieben hast?

WOCHE 42

Schreibende sind keine Schreibenden, nur weil sie schön und flüssig schreiben oder weil sie unglaubliches Talent haben oder weil alles was sie berühren zu Gold wird. Schreibende sind Schreibende, weil sie, selbst wenn es keine Hoffnung gibt und nichts was sie tun vielversprechend ist, weiterschreiben.

JUNOT DIAZ

DATUM: ....

TRACKING

Bevor du die letzte Woche reflektierst, gibt es irgendetwas, worüber du Dampf ablassen musst?

Sieh dir das Ziel oder die Ziele der letzten Woche an.

Was hast du erreicht?	Was hast du nicht erreicht?

Hast du Ziele erreicht, die nicht auf der Liste der letzten Woche standen? Wenn ja, schreibe sie hier auf.

W. 42

Tracking

Hast du zu wenig von dir erwartet, zu viel oder hast du dein Ziel realistisch gesetzt?

Falls du dein(e) Ziel(e) nicht erreicht hast, was kannst du tun, damit du nächste Woche erfolgreich bist? Wenn du sie erreicht hast, was hat dir geholfen zu erreichen, wonach du gestrebt hast?

Was hast du in der letzten Woche über dich selbst/ dein Schreiben gelernt?

Planung

Was sind deine Ziele für die kommende Woche?

Sieh sie dir noch einmal an. Bist du realistisch?
Falls nicht, was wäre realistischer?

Hast du letzte Woche irgendjemandem oder irgendetwas gegenüber Rechenschaft abgelegt? Falls ja, würdest du diese Woche etwas anders machen? Falls nicht, wer oder was könnte dich diese Woche zur Verantwortung ziehen?

PLANUNG

Kannst du dein(e) Ziel(e) auf kleinere Elemente runterbrechen? Wenn du dir sicher bist, dass du sie nicht weiter runterbrechen kannst, trage deine Teilziele in den Kalender auf der nächsten Seite ein.

W 42

	Morgen	Nachmittag	Nacht
M: ___ / ___			
D: ___ / ___			
M: ___ / ___			
D: ___ / ___			
F: ___ / ___			
S: ___ / ___			
S: ___ / ___			

Schreibaufgabe

Jede Schreibaufgabe ist freiwillig. Falls sie dir, warum auch immer, nicht zusagt, lass sie einfach aus. Wer weiß, vielleicht macht die Aufgabe zu einem späteren Zeitpunkt mehr Sinn für dich.

Wie oft hast du die Hoffnung verloren, nur um Wochen, Monate, Jahre (oder Jahrzehnte) später zum Schreiben zurückzufinden? Was hat dich dazu veranlasst wieder anzufangen?

Nimm dir ein Notizbuch oder öffne ein neues Dokument auf deinem Computer. Stell den Timer auf zwanzig Minuten und denke an all die Momente, in denen du fast aufgegeben hättest. Du bist aus einem bestimmten Grund wieder zurückgekommen, aber weißt du was der Grund ist? Kannst du herausfiltern, was es ist und in ein oder zwei simplen Sätzen zusammenfassen?

Falls nicht, widme dich dieser Aufgabe später. Es kann eine Weile dauern, bis du in der Lage bist zu definieren, was genau dich dazu bringt, das Schreiben wieder aufzunehmen. Falls du es kannst, schreibe dir deine Worte auf ein Blatt Papier und positioniere es an einem Ort, an dem du es jeden Tag sehen kannst.

WOCHE 43

Erledigt ist besser als perfekt.

SHERYL SANDBERG

DATUM: ....

TRACKING

Bevor du die letzte Woche reflektierst, gibt es irgendetwas, worüber du Dampf ablassen musst?

Sieh dir das Ziel oder die Ziele der letzten Woche an.

Was hast du erreicht?	Was hast du nicht erreicht?

Hast du Ziele erreicht, die nicht auf der Liste der letzten Woche standen? Wenn ja, schreibe sie hier auf.

TRACKING

Hast du zu wenig von dir erwartet, zu viel oder hast du dein Ziel realistisch gesetzt?

Falls du dein(e) Ziel(e) nicht erreicht hast, was kannst du tun, damit du nächste Woche erfolgreich bist? Wenn du sie erreicht hast, was hat dir geholfen zu erreichen, wonach du gestrebt hast?

Was hast du in der letzten Woche über dich selbst/ dein Schreiben gelernt?

PLANUNG

Was sind deine Ziele für die kommende Woche?

Sieh sie dir noch einmal an. Bist du realistisch?
Falls nicht, was wäre realistischer?

Hast du letzte Woche irgendjemandem oder irgendetwas gegenüber
Rechenschaft abgelegt? Falls ja, würdest du diese Woche etwas anders machen?
Falls nicht, wer oder was könnte dich diese Woche zur Verantwortung ziehen?

Planung

Kannst du dein(e) Ziel(e) auf kleinere Elemente runterbrechen? Wenn du dir sicher bist, dass du sie nicht weiter runterbrechen kannst, trage deine Teilziele in den Kalender auf der nächsten Seite ein.

W. 43

	Morgen	Nachmittag	Nacht
M: ___ / ___			
D: ___ / ___			
M: ___ / ___			
D: ___ / ___			
F: ___ / ___			
S: ___ / ___			
S: ___ / ___			

SCHREIBAUFGABE

Jede Schreibaufgabe ist freiwillig. Falls sie dir, warum auch immer, nicht zusagt, lass sie einfach aus. Wer weiß, vielleicht macht die Aufgabe zu einem späteren Zeitpunkt mehr Sinn für dich.

Bist du perfektionistisch veranlagt oder geht es dir ganz natürlich von der Hand eine Geschichte zu beenden und zur nächsten überzugehen?

Jedes Mal, wenn du ein Werk beendest, frag dich selbst, ob es wirklich vollendet ist. Setze dich ernsthaft eine Weile mit dieser Frage auseinander.

Wenn du Schwierigkeiten hast, dies selbst zu entscheiden, erfrage die Meinung von Menschen, denen du vertraust. Kritisch Lesende, befreundete Schreibende, jeder der konstruktiv kritisiert. Seid ihr gemeinsam in der Lage zu entscheiden, ob es Zeit ist zum nächsten Abenteuer überzugehen?

WOCHE 44

> Die Sache ist die: Das Buch, das dein Leben am meisten verändern wird, ist das Buch, das du schreibst.
>
> SETH GODIN

WIE GEHT ES DIR? BESSER ALS GERADE SO ÜBER DIE RUNDEN KOMMEN?

DATUM: ....

TRACKING

Bevor du die letzte Woche reflektierst, gibt es irgendetwas, worüber du Dampf ablassen musst?

Sieh dir das Ziel oder die Ziele der letzten Woche an.

Was hast du erreicht?	Was hast du nicht erreicht?

Hast du Ziele erreicht, die nicht auf der Liste der letzten Woche standen? Wenn ja, schreibe sie hier auf.

W. 44

TRACKING

Hast du zu wenig von dir erwartet, zu viel oder hast du dein Ziel realistisch gesetzt?

Falls du dein(e) Ziel(e) nicht erreicht hast, was kannst du tun, damit du nächste Woche erfolgreich bist? Wenn du sie erreicht hast, was hat dir geholfen zu erreichen, wonach du gestrebt hast?

Was hast du in der letzten Woche über dich selbst/ dein Schreiben gelernt?

Planung

Was sind deine Ziele für die kommende Woche?

Sieh sie dir noch einmal an. Bist du realistisch?
Falls nicht, was wäre realistischer?

Hast du letzte Woche irgendjemandem oder irgendetwas gegenüber Rechenschaft abgelegt? Falls ja, würdest du diese Woche etwas anders machen? Falls nicht, wer oder was könnte dich diese Woche zur Verantwortung ziehen?

Planung

Kannst du dein(e) Ziel(e) auf kleinere Elemente runterbrechen? Wenn du dir sicher bist, dass du sie nicht weiter runterbrechen kannst, trage deine Teilziele in den Kalender auf der nächsten Seite ein.

W. 44

	MORGEN	NACHMITTAG	NACHT
M: ___ / ___			
D: ___ / ___			
M: ___ / ___			
D: ___ / ___			
F: ___ / ___			
S: ___ / ___			
S: ___ / ___			

Schreibaufgabe

Jede Schreibaufgabe ist freiwillig. Falls sie dir, warum auch immer, nicht zusagt, lass sie einfach aus. Wer weiß, vielleicht macht die Aufgabe zu einem späteren Zeitpunkt mehr Sinn für dich.

Inwiefern wird die Geschichte, die du schreibst, dein Leben verändern?

Nimm dir ein Notizbuch oder öffne ein neues Dokument auf deinem Computer. Stell den Timer auf zwanzig Minuten und schreibe auf, wie es dein Leben verändern wird. Was wird es dir bringen? Was wirst du über dein Leben herausfinden? Über dich selbst? Wie wird es dich wachsen lassen? Wie wird es dir die Möglichkeit geben, mit anderen eine Verbindung herzustellen?

WOCHE 45

Man ist entweder Geschichtenerzähler oder man ist es nicht. Und wenn du ein Geschichtenerzähler bist und es dir möglich ist zu schreiben, dann wirst du anfangen Geschichten zu schreiben.

RUTH RENDELL

DATUM: ....

TRACKING

Bevor du die letzte Woche reflektierst, gibt es irgendetwas, worüber du Dampf ablassen musst?

Sieh dir das Ziel oder die Ziele der letzten Woche an.

Was hast du erreicht?	Was hast du nicht erreicht?

Hast du Ziele erreicht, die nicht auf der Liste der letzten Woche standen? Wenn ja, schreibe sie hier auf.

TRACKING

Hast du zu wenig von dir erwartet, zu viel oder hast du dein Ziel realistisch gesetzt?

Falls du dein(e) Ziel(e) nicht erreicht hast, was kannst du tun, damit du nächste Woche erfolgreich bist? Wenn du sie erreicht hast, was hat dir geholfen zu erreichen, wonach du gestrebt hast?

Was hast du in der letzten Woche über dich selbst/ dein Schreiben gelernt?

PLANUNG

Was sind deine Ziele für die kommende Woche?

Sieh sie dir noch einmal an. Bist du realistisch?
Falls nicht, was wäre realistischer?

Hast du letzte Woche irgendjemandem oder irgendetwas gegenüber Rechenschaft abgelegt? Falls ja, würdest du diese Woche etwas anders machen? Falls nicht, wer oder was könnte dich diese Woche zur Verantwortung ziehen?

Planung

Kannst du dein(e) Ziel(e) auf kleinere Elemente runterbrechen? Wenn du dir sicher bist, dass du sie nicht weiter runterbrechen kannst, trage deine Teilziele in den Kalender auf der nächsten Seite ein.

W. 45

	Morgen	Nachmittag	Nacht
M: ...... /			
D: ...... /			
M: ...... /			
D: ...... /			
F: ...... /			
S: ...... /			
S: ...... /			

SCHREIBAUFGABE

Jede Schreibaufgabe ist freiwillig. Falls sie dir, warum auch immer, nicht zusagt, lass sie einfach aus. Wer weiß, vielleicht macht die Aufgabe zu einem späteren Zeitpunkt mehr Sinn für dich.

Wenn man ein unkontrollierbares Bedürfnis hat zu schreiben, kann das etwas sein, was dich von anderen um dich herum unterscheidet. Dies ist einer der Gründe, warum es wichtig ist zu einer Gemeinschaft zu gehören. Sich selbst als geschichtenerzählend wohlzufühlen, ist so viel einfacher, wenn man sich mit anderen Geschichtenerzählenden umgibt.

Bist du Teil einer Schreibgemeinschaft, online oder offline? Wenn ja, gucke dir diese Gemeinschaft genau an und frage dich, ob sie dir gibt, was du brauchst.

Wenn nicht, schau dich diese Woche nach einer neuen Gruppe um. Vielleicht gibt es bei dir in der Nähe Gruppen, die du dir angucken kannst? Wenn du es bevorzugst online mit anderen in Verbindung zu treten, dann öffne deinen Browser und erkunde, was dich glücklich machen könnte. Unter den vielen Gruppen, die es gibt, wird bestimmt eine dabei sein, die dir zusagt.

WOCHE 46

> Manchmal, so sehr wie Schreiben das eigene Leben rettet, kannst du dir nicht vorstellen, dass es ein anderes retten wird. Dies ist ein weiterer Grund, warum es wichtig ist die Arbeit zu investieren, immer und immer wieder. Es ist Nahrung, die Art, die die Seele braucht.
>
> LILITH SAINTCROW

ICH KANN SCHON FAST DIE ZIELLINIE SEHEN! KANNST DU GLAUBEN, DASS DU IMMER NOCH HIER BIST UND MITMACHST?

DATUM: ....

TRACKING

Bevor du die letzte Woche reflektierst, gibt es irgendetwas, worüber du Dampf ablassen musst?

Sieh dir das Ziel oder die Ziele der letzten Woche an.

Was hast du erreicht?

Was hast du nicht erreicht?

Hast du Ziele erreicht, die nicht auf der Liste der letzten Woche standen? Wenn ja, schreibe sie hier auf.

TRACKING

Hast du zu wenig von dir erwartet, zu viel oder hast du dein Ziel realistisch gesetzt?

Falls du dein(e) Ziel(e) nicht erreicht hast, was kannst du tun, damit du nächste Woche erfolgreich bist? Wenn du sie erreicht hast, was hat dir geholfen zu erreichen, wonach du gestrebt hast?

Was hast du in der letzten Woche über dich selbst/ dein Schreiben gelernt?

PLANUNG

Was sind deine Ziele für die kommende Woche?

Sieh sie dir noch einmal an. Bist du realistisch?
Falls nicht, was wäre realistischer?

Hast du letzte Woche irgendjemandem oder irgendetwas gegenüber Rechenschaft abgelegt? Falls ja, würdest du diese Woche etwas anders machen? Falls nicht, wer oder was könnte dich diese Woche zur Verantwortung ziehen?

Planung

Kannst du dein(e) Ziel(e) auf kleinere Elemente runterbrechen? Wenn du dir sicher bist, dass du sie nicht weiter runterbrechen kannst, trage deine Teilziele in den Kalender auf der nächsten Seite ein.

W. 46

	MORGEN	NACHMITTAG	NACHT
M: ...... /			
D: ...... /			
M: ...... /			
D: ...... /			
F: ...... /			
S: ...... /			
S: ...... /			

Schreibaufgabe

Jede Schreibaufgabe ist freiwillig. Falls sie dir, warum auch immer, nicht zusagt, lass sie einfach aus. Wer weiß, vielleicht macht die Aufgabe zu einem späteren Zeitpunkt mehr Sinn für dich.

Es ist egal, was du schreibst; irgendwo wartet jemand darauf, dass deine Geschichte rauskommt.

Was wäre, wenn dir diese Person, nachdem sie dein Buch gelesen hat, einen Brief oder eine E-Mail schreibt? Nimm dir ein Notizbuch oder öffne ein neues Dokument auf deinem Computer. Stell den Timer auf zwanzig Minuten und schreibe deine Entgegnung auf diesen (noch) fiktiven Schriftverkehr.

Falls du bereits deine erste Fanpost erhalten hast, nimm dir einen Moment Zeit und reflektiere, wie es sich angefühlt hat. Was hast du getan, nachdem du sie gelesen hast?

WOCHE 47

Schreiben ohne zu überarbeiten ist das literarische Äquivalent zu fröhlich das Haus zu verlassen und nur Unterwäsche zu tragen.

PATRICIA FULLER

DATUM: ....

TRACKING

Bevor du die letzte Woche reflektierst, gibt es irgendetwas, worüber du Dampf ablassen musst?

Sieh dir das Ziel oder die Ziele der letzten Woche an.

Was hast du erreicht?

Was hast du nicht erreicht?

Hast du Ziele erreicht, die nicht auf der Liste der letzten Woche standen?
Wenn ja, schreibe sie hier auf.

W. 47

TRACKING

Hast du zu wenig von dir erwartet, zu viel oder hast du dein Ziel realistisch gesetzt?

Falls du dein(e) Ziel(e) nicht erreicht hast, was kannst du tun, damit du nächste Woche erfolgreich bist? Wenn du sie erreicht hast, was hat dir geholfen zu erreichen, wonach du gestrebt hast?

Was hast du in der letzten Woche über dich selbst/ dein Schreiben gelernt?

Planung

Was sind deine Ziele für die kommende Woche?

Sieh sie dir noch einmal an. Bist du realistisch?
Falls nicht, was wäre realistischer?

Hast du letzte Woche irgendjemandem oder irgendetwas gegenüber
Rechenschaft abgelegt? Falls ja, würdest du diese Woche etwas anders machen?
Falls nicht, wer oder was könnte dich diese Woche zur Verantwortung ziehen?

PLANUNG

Kannst du dein(e) Ziel(e) auf kleinere Elemente runterbrechen? Wenn du dir sicher bist, dass du sie nicht weiter runterbrechen kannst, trage deine Teilziele in den Kalender auf der nächsten Seite ein.

W: 47

	Morgen	Nachmittag	Nacht
M: .... /			
D: .... /			
M: .... /			
D: .... /			
F: .... /			
S: .... /			
S: .... /			

Schreibaufgabe

Jede Schreibaufgabe ist freiwillig. Falls sie dir, warum auch immer, nicht zusagt, lass sie einfach aus. Wer weiß, vielleicht macht die Aufgabe zu einem späteren Zeitpunkt mehr Sinn für dich.

Wie lange pausierst du normalerweise, bevor du mit dem Überarbeiten beginnst? Jeder Schreibende hat eine eigene Methode, aber es immer gut eine Pause einzulegen.

Geh online und suche nach Ratschlägen, wie du eine Pause von deinen laufenden Arbeiten nehmen kannst.

Wessen Ratschlag klingt für dich am besten? Das nächste Mal, wenn du einen Text beendest, nimm dir den Rat zu Herzen und gucke, ob er für dich funktioniert. Wenn nicht, probiere es mit einem anderen System oder passe es auf deine persönlichen Bedürfnisse und Wünsche an.

WOCHE 48

Geschichten sind bedeutsam. Schreiben ist wichtig. Geschichten halten die Welt am Laufen. Manche Dinge beginnen mit einem Wort auf einer Seite. Es ist bedeutend für die Welt. Und es ist bedeutsam für dich. Lass dir das von niemandem nehmen und nimm es dir auch selbst nicht. Gib nicht nach. Gib nicht auf. Umarme. Kreiere. Beschleunige.

CHUCK WENDIG

DU SCHAFFST DAS!

DATUM: ....

TRACKING

Bevor du die letzte Woche reflektierst, gibt es irgendetwas, worüber du Dampf ablassen musst?

Sieh dir das Ziel oder die Ziele der letzten Woche an.

Was hast du erreicht?

Was hast du nicht erreicht?

Hast du Ziele erreicht, die nicht auf der Liste der letzten Woche standen? Wenn ja, schreibe sie hier auf.

W. 48

TRACKING

Hast du zu wenig von dir erwartet, zu viel oder hast du dein Ziel realistisch gesetzt?

Falls du dein(e) Ziel(e) nicht erreicht hast, was kannst du tun, damit du nächste Woche erfolgreich bist? Wenn du sie erreicht hast, was hat dir geholfen zu erreichen, wonach du gestrebt hast?

Was hast du in der letzten Woche über dich selbst/ dein Schreiben gelernt?

PLANUNG

Was sind deine Ziele für die kommende Woche?

Sieh sie dir noch einmal an. Bist du realistisch?
Falls nicht, was wäre realistischer?

Hast du letzte Woche irgendjemandem oder irgendetwas gegenüber Rechenschaft abgelegt? Falls ja, würdest du diese Woche etwas anders machen? Falls nicht, wer oder was könnte dich diese Woche zur Verantwortung ziehen?

Planung

Kannst du dein(e) Ziel(e) auf kleinere Elemente runterbrechen? Wenn du dir sicher bist, dass du sie nicht weiter runterbrechen kannst, trage deine Teilziele in den Kalender auf der nächsten Seite ein.

W. 48

	Morgen	Nachmittag	Nacht
M: ..... /			
D: ..... /			
M: ..... /			
D: ..... /			
F: ..... /			
S: ..... /			
S: ..... /			

SCHREIBAUFGABE

Jede Schreibaufgabe ist freiwillig. Falls sie dir, warum auch immer, nicht zusagt, lass sie einfach aus. Wer weiß, vielleicht macht die Aufgabe zu einem späteren Zeitpunkt mehr Sinn für dich.

Wissen die Menschen, die dir etwas bedeuten, dass du schreibst? Bezeichnest du dich selbst als schreibende Person, beispielsweise, wenn du dich neuen Menschen vorstellst?

Wenn ja, wie reagieren Menschen normalerweise darauf, dass du dich so bezeichnest, und wie fühlt es sich für dich an? Wenn nicht (oder nicht immer), was hält dich davon ab?

Nimm dir ein Notizbuch oder öffne ein neues Dokument auf deinem Computer. Stell einen Timer auf zwanzig Minuten und schreibe deine Antwort auf.

WOCHE 49

Ein schöner Aspekt des Schreibens ist, dass man es nicht beim ersten Mal richtig machen muss, anders als, sagen wir, ein Hirnchirurg.

ROBERT CORMIER

DATUM: ....

TRACKING

Bevor du die letzte Woche reflektierst, gibt es irgendetwas, worüber du Dampf ablassen musst?

Sieh dir das Ziel oder die Ziele der letzten Woche an.

Was hast du erreicht?	Was hast du nicht erreicht?

Hast du Ziele erreicht, die nicht auf der Liste der letzten Woche standen? Wenn ja, schreibe sie hier auf.

W. 49

TRACKING

Hast du zu wenig von dir erwartet, zu viel oder hast du dein Ziel realistisch gesetzt?

Falls du dein(e) Ziel(e) nicht erreicht hast, was kannst du tun, damit du nächste Woche erfolgreich bist? Wenn du sie erreicht hast, was hat dir geholfen zu erreichen, wonach du gestrebt hast?

Was hast du in der letzten Woche über dich selbst/ dein Schreiben gelernt?

PLANUNG

Was sind deine Ziele für die kommende Woche?

Sieh sie dir noch einmal an. Bist du realistisch?
Falls nicht, was wäre realistischer?

Hast du letzte Woche irgendjemandem oder irgendetwas gegenüber Rechenschaft abgelegt? Falls ja, würdest du diese Woche etwas anders machen? Falls nicht, wer oder was könnte dich diese Woche zur Verantwortung ziehen?

Planung

Kannst du dein(e) Ziel(e) auf kleinere Elemente runterbrechen? Wenn du dir sicher bist, dass du sie nicht weiter runterbrechen kannst, trage deine Teilziele in den Kalender auf der nächsten Seite ein.

W 49

	MORGEN	NACHMITTAG	NACHT
M: ___ / ___			
D: ___ / ___			
M: ___ / ___			
D: ___ / ___			
F: ___ / ___			
S: ___ / ___			
S: ___ / ___			

Schreibaufgabe

Jede Schreibaufgabe ist freiwillig. Falls sie dir, warum auch immer, nicht zusagt, lass sie einfach aus. Wer weiß, vielleicht macht die Aufgabe zu einem späteren Zeitpunkt mehr Sinn für dich.

Einige Schreibende lieben die Phasen des Umschreibens und Überarbeitens ihrer Arbeiten, während andere sich gern verkriechen würden, wenn die Zeit dafür gekommen ist.

Nimm dir etwas von dir Verfasstes, mit dem du recht zufrieden bist. Nun redigiere deinen Text, behalte jedoch auch das Original. Wenn du mit dem Überarbeiten fertig bist, vergleiche beide Texte.

Wenn du diese Woche besonders tollkühn bist, sende beide Texte an jemand der ihn kritisch liest. Sage nicht, welcher das Original und welcher die 2.0 Version ist. Frage nur, welche Version besser ist lass es dir begründen.

Nun warte auf das Resultat.

WOCHE 50

Wenn du den Entwurf eines Gedichts, einer Kurzgeschichte oder eines Romans fertigstellst, sorge dafür, dass du die ganze Nacht durchfeierst, denn egal ob die Welt es je mitbekommen wird, ob er je veröffentlicht wird, du hast etwas getan, was die meisten Menschen nie tun: Du hast angefangen, bist drangeblieben und hast ein kreatives Werk vollendet. Und das ist ein Triumph.

ANDRE DUBUS III

AUF GEHT'S...DU HAST ES FAST GESCHAFFT!

DATUM: ....

TRACKING

Bevor du die letzte Woche reflektierst, gibt es irgendetwas, worüber du Dampf ablassen musst?

Sieh dir das Ziel oder die Ziele der letzten Woche an.

Was hast du erreicht?

Was hast du nicht erreicht?

Hast du Ziele erreicht, die nicht auf der Liste der letzten Woche standen? Wenn ja, schreibe sie hier auf.

TRACKING

Hast du zu wenig von dir erwartet, zu viel oder hast du dein Ziel realistisch gesetzt?

Falls du dein(e) Ziel(e) nicht erreicht hast, was kannst du tun, damit du nächste Woche erfolgreich bist? Wenn du sie erreicht hast, was hat dir geholfen zu erreichen, wonach du gestrebt hast?

Was hast du in der letzten Woche über dich selbst/ dein Schreiben gelernt?

Planung

Was sind deine Ziele für die kommende Woche?

Sieh sie dir noch einmal an. Bist du realistisch?
Falls nicht, was wäre realistischer?

Hast du letzte Woche irgendjemandem oder irgendetwas gegenüber Rechenschaft abgelegt? Falls ja, würdest du diese Woche etwas anders machen? Falls nicht, wer oder was könnte dich diese Woche zur Verantwortung ziehen?

Planung

Kannst du dein(e) Ziel(e) auf kleinere Elemente runterbrechen? Wenn du dir sicher bist, dass du sie nicht weiter runterbrechen kannst, trage deine Teilziele in den Kalender auf der nächsten Seite ein.

W 50

	Morgen	Nachmittag	Nacht
M: ____ / ____			
D: ____ / ____			
M: ____ / ____			
D: ____ / ____			
F: ____ / ____			
S: ____ / ____			
S: ____ / ____			

Schreibaufgabe

Jede Schreibaufgabe ist freiwillig. Falls sie dir, warum auch immer, nicht zusagt, lass sie einfach aus. Wer weiß, vielleicht macht die Aufgabe zu einem späteren Zeitpunkt mehr Sinn für dich.

Feierst du deine Erfolge, egal wie klein sie sind?

Nimm dir dein Notizbuch oder öffne ein neues Dokument auf deinem Computer und lass die letzten neunundvierzig Wochen Revue passieren. Schreibe auf, was deine Erfolge, deine Meilensteine waren, egal wie klein. Setze dich wirklich damit auseinander und weide dich darin, wie weit du gekommen bist.

WOCHE 51

Der einfache, gesprächige Ton guten Schreibens kommt erst mit dem achten Überarbeiten.

PAUL GRAHAM

DATUM: ....

TRACKING

Bevor du die letzte Woche reflektierst, gibt es irgendetwas, worüber du Dampf ablassen musst?

Sieh dir das Ziel oder die Ziele der letzten Woche an.

Was hast du erreicht?	Was hast du nicht erreicht?

Hast du Ziele erreicht, die nicht auf der Liste der letzten Woche standen? Wenn ja, schreibe sie hier auf.

TRACKING

Hast du zu wenig von dir erwartet, zu viel oder hast du dein Ziel realistisch gesetzt?

Falls du dein(e) Ziel(e) nicht erreicht hast, was kannst du tun, damit du nächste Woche erfolgreich bist? Wenn du sie erreicht hast, was hat dir geholfen zu erreichen, wonach du gestrebt hast?

Was hast du in der letzten Woche über dich selbst/ dein Schreiben gelernt?

PLANUNG

Was sind deine Ziele für die kommende Woche?

Sieh sie dir noch einmal an. Bist du realistisch?
Falls nicht, was wäre realistischer?

Hast du letzte Woche irgendjemandem oder irgendetwas gegenüber Rechenschaft abgelegt? Falls ja, würdest du diese Woche etwas anders machen? Falls nicht, wer oder was könnte dich diese Woche zur Verantwortung ziehen?

PLANUNG

Kannst du dein(e) Ziel(e) auf kleinere Elemente runterbrechen? Wenn du dir sicher bist, dass du sie nicht weiter runterbrechen kannst, trage deine Teilziele in den Kalender auf der nächsten Seite ein.

W. 51

W 51

	Morgen	Nachmittag	Nacht
M: ____ / ____			
D: ____ / ____			
M: ____ / ____			
D: ____ / ____			
F: ____ / ____			
S: ____ / ____			
S: ____ / ____			

SCHREIBAUFGABE

Jede Schreibaufgabe ist freiwillig. Falls sie dir, warum auch immer, nicht zusagt, lass sie einfach aus. Wer weiß, vielleicht macht die Aufgabe zu einem späteren Zeitpunkt mehr Sinn für dich.

Kehre zu dem Werk zurück, das du in Woche 49 redigiert hast. Beginnend mit der zweiten Version, überarbeite diesen Text jeden Tag der nächsten Woche. Wie schon in Woche 49, behalte alle Versionen. Am Ende der Woche, vergleiche deine Notizen.

Was fällt dir in Bezug auf dein Schreiben auf? Was sticht am meisten heraus?

WOCHE 52

> Du scheiterst nur, wenn du aufhörst zu schreiben.
>
> RAY BRADBURY

NUR NOCH EINE WOCHE!

DATUM: ....

TRACKING

Bevor du die letzte Woche reflektierst, gibt es irgendetwas, worüber du Dampf ablassen musst?

Sieh dir das Ziel oder die Ziele der letzten Woche an.

Was hast du erreicht?

Was hast du nicht erreicht?

Hast du Ziele erreicht, die nicht auf der Liste der letzten Woche standen?
Wenn ja, schreibe sie hier auf.

Tracking

Hast du zu wenig von dir erwartet, zu viel oder hast du dein Ziel realistisch gesetzt?

Falls du dein(e) Ziel(e) nicht erreicht hast, was kannst du tun, damit du nächste Woche erfolgreich bist? Wenn du sie erreicht hast, was hat dir geholfen zu erreichen, wonach du gestrebt hast?

Was hast du in der letzten Woche über dich selbst/ dein Schreiben gelernt?

PLANUNG

Was sind deine Ziele für die kommende Woche?

Sieh sie dir noch einmal an. Bist du realistisch?
Falls nicht, was wäre realistischer?

Hast du letzte Woche irgendjemandem oder irgendetwas gegenüber Rechenschaft abgelegt? Falls ja, würdest du diese Woche etwas anders machen? Falls nicht, wer oder was könnte dich diese Woche zur Verantwortung ziehen?

W. 52

Planung

Kannst du dein(e) Ziel(e) auf kleinere Elemente runterbrechen? Wenn du dir sicher bist, dass du sie nicht weiter runterbrechen kannst, trage deine Teilziele in den Kalender auf der nächsten Seite ein.

W. 52

	Morgen	Nachmittag	Nacht
M: ____ / ____			
D: ____ / ____			
M: ____ / ____			
D: ____ / ____			
F: ____ / ____			
S: ____ / ____			
S: ____ / ____			

Schreibaufgabe

Jede Schreibaufgabe ist freiwillig. Falls sie dir, warum auch immer, nicht zusagt, lass sie einfach aus. Wer weiß, vielleicht macht die Aufgabe zu einem späteren Zeitpunkt mehr Sinn für dich.

Hast du je das Gefühl gehabt, du solltest aufhören? Was lässt dich weitermachen?

Nimm dir ein Stück Papier und schreibe den einen Grund auf, warum du nicht aufgeben solltest (außer du hast mehr als einen Grund).

Wenn du fertig bist, häng es an einen Ort, an dem du es täglich sehen kannst (klebe es an deinen Bildschirm, pinne es an deine Wand, lege es in deinen Kalender, was auch immer den meisten Sinn für dich ergibt).

WOCHE 53

“

Schreiben ist erbärmliche, entmutigende, körperlich ungesunde, unendlich frustrierende Arbeit. Und wenn sich alles zusammenfügt, ist es schlichtweg glorreich.

RALPH PETERS

DU HAST ES GESCHAFFT!

DATUM: ....

KLARHEIT

Während Woche 1 hast du aufgeschrieben, warum du dich berufen gefühlt hast, mit dem Schreiben zu beginnen. Konntest du, über die letzten drei Monate betrachtet, wieder eine Verbindung zu dieser Berufung herstellen? Nimm dir einen Moment Zeit darüber nachzudenken.

Konntest du über den Zeitraum der letzten drei Monate das Gefühl, das du früher beim Schreiben hattest, wiederherstellen? Es gibt hier keine richtigen oder falschen Antworten. Wie auch die Berufung, können sich deine Gefühle hinsichtlich des Schreibens verändert haben. Reflektiere auch hierüber einen Moment.

Klarheit

Wenn du auf die letzten drei Monate zurückblickst, wie hat sich das Schreiben an sich angefühlt? Wie hast du dich bevor du begonnen hast, währenddessen und im Anschluss gefühlt?

Bist du noch mit denselben Kämpfen und Hindernissen konfrontiert, die du zu Beginn dieser Reise aufgeführt hast oder haben sie sich geändert? Falls sie sich geändert haben, womit mühst du dich zurzeit ab?

Klarheit

In Bezug auf die Kämpfe und Hindernisse, mit denen du dich (noch) auseinandersetzt, kannst du festlegen, welche davon eher innerlich oder äußerlich begründet sind? Selbst wenn sich deine Liste nicht verändert hat, nimm dir trotzdem Zeit darüber nachzudenken. Es ist gut möglich, dass sich auch hier mit der Zeit etwas verändert hat.

KLARHEIT

Hinsichtlich jedes Kampfes und Hindernisses, was brauchst du, um sie zu überwinden? Falls du dich immer noch mit denselben Hindernissen (oder einem der Hindernisse) beschäftigst, heißt das nicht, dass du dich nicht weiterentwickelst. Dies ist der Augenblick, in dem du festlegst, ob du dich weiterentwickelt hast.

REFLEKTION

Lass uns einen Moment innehalten und reflektieren. Wenn du an die letzten drei Monate denkst, wofür bist du am dankbarsten?

Was waren die bedeutsamsten Lektionen, die du über dich und dein Schreiben gelernt hast?

Hast du dein(e) Drei-Monats-Ziel(e) erreicht? Wenn ja, (wie) hast du gefeiert? Wenn nicht, welche Schritte könntest du mit dieser Woche beginnend gehen, um dein nächstes Drei-Monats-Ziel oder deine Drei-Monats-Ziele zu erreichen?

Reflektion

Nun sieh dir das Jahr als Ganzes an.

Wenn du auf die vergangenen zweiundfünfzig Wochen zurückblickst, wofür bist du am dankbarsten?

Was waren die bedeutsamsten Lektionen, die du über dich und dein Schreiben gelernt hast?

Hast du dein(e) Jahres-Ziel(e) erreicht? Wenn ja, (wie) hast du gefeiert? Wenn nicht, welche Schritte könntest du mit dieser Woche beginnend gehen, um dein nächstes Jahres-Ziel oder deine Jahres-Ziele zu erreichen?

ZIELE

Jetzt, wo ein ganzes Jahr vergangen ist, lass uns deine Langzeitziele erneut betrachten. Ist es Zeit sie anzupassen?

Wo möchtest du in zehn Jahren sein? Wie wirst du feiern?

In fünf Jahren? Wie wirst du feiern?

In drei Jahren? Wie wirst du feiern?

In zwei Jahren? Wie wirst du feiern?

ZIELE

In zweiundfünfzig Wochen? Wie wirst du feiern?

In neun Monaten? Wie wirst du feiern?

In sechs Monaten? Wie wirst du feiern?

In drei Monaten? Wie wirst du feiern?

TRACKING

Bevor du die letzte Woche reflektierst, gibt es irgendetwas, worüber du Dampf ablassen musst?

Sieh dir das Ziel oder die Ziele der letzten Woche an.

Was hast du erreicht?	Was hast du nicht erreicht?

Hast du Ziele erreicht, die nicht auf der Liste der letzten Woche standen? Wenn ja, schreibe sie hier auf.

TRACKING

Hast du zu wenig von dir erwartet, zu viel oder hast du dein Ziel realistisch gesetzt?

Falls du dein(e) Ziel(e) nicht erreicht hast, was kannst du tun, damit du nächste Woche erfolgreich bist? Wenn du sie erreicht hast, was hat dir geholfen zu erreichen, wonach du gestrebt hast?

Was hast du in der letzten Woche über dich selbst/ dein Schreiben gelernt?

Planung

Denn wir wissen beide, dies hier ist nicht vorbei.

Was sind deine Ziele für die kommende Woche?

Sieh sie dir noch einmal an. Bist du realistisch?
Falls nicht, was wäre realistischer?

Hast du letzte Woche irgendjemandem oder irgendetwas gegenüber Rechenschaft abgelegt? Falls ja, würdest du diese Woche etwas anders machen? Falls nicht, wer oder was könnte dich diese Woche zur Verantwortung ziehen?

Planung

Kannst du dein(e) Ziel(e) auf kleinere Elemente runterbrechen? Wenn du dir sicher bist, dass du sie nicht weiter runterbrechen kannst, trage deine Teilziele in den Kalender auf der nächsten Seite ein.

W. 53

	MORGEN	NACHMITTAG	NACHT
M: ___ / ___			
D: ___ / ___			
M: ___ / ___			
D: ___ / ___			
F: ___ / ___			
S: ___ / ___			
S: ___ / ___			

Schreibaufgabe

Jede Schreibaufgabe ist freiwillig. Falls sie dir, warum auch immer, nicht zusagt, lass sie einfach aus. Wer weiß, vielleicht macht die Aufgabe zu einem späteren Zeitpunkt mehr Sinn für dich.

Betrachte die Schreibaufforderungen des vergangenen Jahres. Welche haben dir am meisten Spaß gemacht? Welche haben dir Schwierigkeiten bereitet? Es ist immer noch Zeit sie anzugehen, wenn du möchtest.

Nimm dir einen Moment Zeit und denke darüber nach, was die Schreibaufforderungen dich über dich selbst und dein Schreiben gelehrt haben. Wenn du einige übersprungen hast, frage dich, warum du genau diese ausgelassen hast. Was sagt dir das?

DU! HAST! ES!
GESCHAFFT!

EIN! JAHR! LANG!

WIE FÜHLT SICH
DAS AN?

Wie wirst du feiern?

Schreib es auf, dann zieh los und setz es um!

Zielübersicht

	Ziel(e)	Geschafft?
W. 1		
W. 2		
W. 3		
W. 4		
W. 5		
W. 6		
W. 7		
W. 8		
W. 9		
W. 10		
W. 11		
W. 12		
W. 13		
3 Monaten		

ZIELÜBERSICHT

WAS HABE ICH GELERNT?

W.1

W.2

W.3

W.4

W.5

W.6

W.7

W.8

W.9

W.10

W.11

W.12

W.13

3 MONATEN

ZIELÜBERSICHT

	ZIEL(E)	GESCHAFFT?
W. 14		
W. 15		
W. 16		
W. 17		
W. 18		
W. 19		
W. 20		
W. 21		
W. 22		
W. 23		
W. 24		
W. 25		
W. 26		
6 MONATEN		

Zielübersicht

Was habe ich gelernt?

W. 14

W. 15

W. 16

W. 17

W. 18

W. 19

W. 20

W. 21

W. 22

W. 23

W. 24

W. 25

W. 26

6 Monaten

ZIELÜBERSICHT

	ZIEL(E)	GESCHAFFT?
W. 27		
W. 28		
W. 29		
W. 30		
W. 31		
W. 32		
W. 33		
W. 34		
W. 35		
W. 36		
W. 37		
W. 38		
W. 39		

ZIELÜBERSICHT

WAS HABE ICH GELERNT?

W. 27

W. 28

W. 29

W. 30

W. 31

W. 32

W. 33

W. 34

W. 35

W. 36

W. 37

W. 38

W. 39

9 MONATEN

Zielübersicht

	Ziel(e)	Geschafft?
W. 40		
W. 41		
W. 42		
W. 43		
W. 44		
W. 45		
W. 46		
W. 47		
W. 48		
W. 49		
W. 50		
W. 51		
W. 52		
12 Monaten		

Zielübersicht

Was habe ich gelernt?

W. 40

W. 41

W. 42

W. 43

W. 44

W. 45

W. 46

W. 47

W. 48

W. 49

W. 50

W. 51

W. 52

12 Monaten

Selbstverständlich würde ich

gerne eure Geschichten hören und wissen, wie ihr zurechtgekommen seid.

Wenn wir noch nicht auf dem einen oder anderen Weg in Kontakt stehen, kannst du mich hier finden:

MARIELLE@MSWORDSMITH.NL
MSWORDSMITH.NL
FACEBOOK.COM/MSWORDSMITH
INSTAGRAM.COM/MARIELLESSMITH

Ehrliche Rezensionen sind für unsere Arbeit unentbehrlich, um gefunden und gelesen zu werden. Ich würde mich sehr freuen, wenn du auf Goodreads oder wo auch immer du dieses Buch erworben hast, eine Rezension hinterlassen könntest.

Printed in Dunstable, United Kingdom

65501299R10272